成为学霸

24h

BECOMING A TOP STUDENT

时间管理

何沛之◎编著

应急管理出版社
·北 京·

图书在版编目（CIP）数据

时间管理／何沛之编著．－－北京：应急管理出版社，2023

（成为学霸）

ISBN 978 - 7 - 5020 - 9871 - 1

Ⅰ.①时… Ⅱ.①何… Ⅲ.①中学生—时间—管理 Ⅳ.①G635.5

中国版本图书馆 CIP 数据核字（2022）第 242158 号

时间管理（成为学霸）

编　著	何沛之	
责任编辑	高红勤	
封面设计	牧　野	

出版发行　应急管理出版社（北京市朝阳区芍药居 35 号　100029）
电　话　010 - 84657898（总编室）　010 - 84657880（读者服务部）
网　址　www. cciph. com. cn
印　刷　唐山玺鸣印务有限公司
经　销　全国新华书店

开　本　710mm×1000mm^1/$_{16}$　印张　42　字数　554 千字
版　次　2023 年 7 月第 1 版　2023 年 7 月第 1 次印刷
社内编号　20221629　　　　　定价　128.00 元（共四册）

　　学习方法的重要性不言而喻。每次谈到这个问题时，我都会对同学们说："好成绩，99%都来自好方法。这不是夸张，一个好的学习方法抵得上悬梁刺股。"遗憾的是，还是有很多同学不重视学习方法，或者没能掌握适合自己的学习方法，结果在考场上铩羽而归。

　　这些同学之所以失利，一个重要的原因就是不善于从成功者身上吸取经验教训。广东省高考文科状元胡创欢说："我的学习秘诀就是：刻苦努力+方法正确+少说废话=成功。我经常阅读高考状元谈学习经验方面的文章，通过汲取他们的成功经验，不断改进、完善自己的学习方法，使之更适合自己。"

　　我非常赞同胡创欢同学的观点。从迈入中学到迎战高考，每一个同学面对的其实都是一条自己没有走过的路，其中的酸甜苦辣，都需要靠自己去摸索、尝试和探寻。这个时候，如果你能借鉴成功者（比如高考状元）的经验，就一定能少走许多弯路，在学习上事半功倍。

　　在我看来，学习成绩优异的学生，并不只是因为智商超群，而是因为他们掌握了最佳的学习方法。如果你能从他们分享的学习经验中提炼、总结出适合自己的学习方法，无疑就掌握了一条学习捷径。

　　此次出版的"成为学霸"丛书，就是为了向同学们进一步呈现高考状元的成功经验和学习智慧。丛书根据中学生学习内容、方式和重心的不同，分为《学习习惯》《记忆方法》《听课技巧》《时间管理》4册，全面、翔实地囊括了中学阶段应该具备的基本学习方法。

　　本系列丛书的突出特点是：

　　1. 精选多名高考状元的成功经验。每册都精选了100多位考入知名大学的高考状元的成功经验和心得体会。

　　2. 内容全面翔实。本系列丛书分别从记忆方法、听课技巧、学习习惯、时间管理等4个方面，总结了状元们在学习上的独家秘籍。

3. 方法简短易读。书中记录的每一种方法和技巧，都非常简短、易读，可以让大家在几分钟内读完，这样既不会过多地占用你的学习时间，又能够在潜移默化中改进你的学习方法。

　　方法对了，你在学习中面临的问题就能迎刃而解。赶紧翻开这套书，读一读，找到适合你的学习方法吧！

目 录 CONTENTS

第3章 ➡ **高效用时：重在提高学习效率**

第6章 ➡ 考前冲刺：抓住考前黄金时间

第1章

计划时间：
高效学习从时间规划开始

就像打仗先要有部署、盖房先要有图纸一样，学习不能是"脚踩西瓜皮——滑到哪里算哪里"，一定要有一套切实可行的计划，这既是同学们提高学习成绩的关键，也是高考状元们学习方法中的一个秘诀。内蒙古自治区高考理科状元刘宇同学说："要说我有什么学习秘诀，那就是有规划。相较于其他同学晚上的'秉烛夜读'，我更愿意通过高效利用时间来提高学习效率。"那么，我们该如何规划自己的学习时间呢？

001

有效掌控学习时间关键在计划

　　大家在学习之前做好计划十分重要，切忌没有时间概念和计划，学到哪儿就是哪儿，高兴学什么就学什么。凭个人喜好、随意地学习，很容易浪费时间，导致学习效率低下，影响学习过程的系统性和完整性。一个好的学习用时计划，可以促使我们按照既定目标去努力，不浪费时间，最大限度地发挥自己的潜能。

状元经验谈I 我们的好方法

许琪	江苏省高考文科状元

　　当时，我把大目标锁定为期中考试重返年级前10名，又把大目标细化为一个个每天可以实现的小目标。我每天的学习生活很充实，进步很明显，每次考试都比前一次有所提高。这样，我稳扎稳打地取得了点滴的进步，在完成每天目标的同时，心理上也会有满足感。如此反复，学习就在大目标下，依靠小目标地毯式的查漏补缺，快乐而有序地进行着。

李泽 　　　　　　北京市高考理科状元

　　有规律的生活、学习节奏在我的学习中发挥了不小的作用。合理地安排好什么时候该做什么事，能有效地减轻学习负担，保持学习的兴趣。举例来说，原来我每天学两个小时的数学，这对我来说是恰当的时间安排。这一次考试，数学成绩不是很理想，那么，从今天开始我每天用3个小时来学数学，这种想法就是错误的。因为我们不可能长期保持每天3个小时学习数学而不感到厌烦。学习一旦使人感到厌烦了，学习的效果就会直线下降。这个时候正确的方法是保持过去适合自己的学习时间，不能因一次考试成绩就完全否定之前的学习方法。老师经常对我们说：学贵有恒。短期突击或许能在短期内加强你的积累，但从长远来看会使你丧失学习兴趣，所以是不可取的。只要坚持每天按自己的节奏走下去，就能达到自己的目标。

　　从以上两位高考状元的经验可以看出，时间的计划性在学习上很重要。若没有一个有效的时间计划，要对各科都进行全面的复习是难以想象的。只有平时把复习的时间安排好，一点一点地消化学过的东西，才能在考场上得心应手，让平日所学的知识为自己"冲锋陷阵"。

　　同学们应怎样制订学习计划呢？一般来说，一项好的学习时间计划应包括以下几方面的内容。

1. 制定学习目标

　　根据自己目前的学习水平，拟定一个在学期末所能达到的学习目标。这个目标不能太高，太高了不易实现，会影响学习热情；也不可太低，不然会让我们失去学习动力。这个目标应是经过一段时间的努力刚好能达到的。

2. 分析现阶段存在的主要问题

　　每个时间段学习的突出矛盾不一样。假如近段时间数学的函数问题没有弄透彻，每次做题都错，那么这方面的知识是目前最欠缺、亟待解决的；英语作文中的语法运用能力是本学期必须要提高的；等等。应针对这些情况安排、分配好学习时间，决定自己目前该朝哪方面努力。

3. 制定详尽的学习任务表

学习任务表即对一个月或一星期或一天的时间进行安排，决定自己在每个时段要学什么，怎样学。比如什么时间预习或复习什么科目，什么时间做什么练习等。要把每天的时间都安排好，这样可以督促自己按照计划去实行每一步，不会在某个时段感到无所适从。但要注意，学习计划不可定得太死，要留有供自己临时支配的时间，太死了会让我们对学习产生倦怠心理。

抓住了时间就像抓住了金子，若抓不住，时间就像流水一样逝去了。歌德说："我们拥有足够的时间，只是要善加利用。"一个人如果不能有效利用有限的时间，就会被时间俘虏，成为时间的奴隶。有很多同学"两眼一睁，忙到熄灯"，可还是感到时间紧迫，不够用。这主要是因为这些同学在制订计划时忽略了自己的实际情况，结果实行起计划来感到困难重重。

002
分配学习时间要务实

　　你也许会对高考状元们的学习效率感到好奇：每天都有那么多的学习任务要完成，难道他们一天学习24个小时吗？我告诉你其中的"奥秘"：他们比别人更善于利用和分配时间，更清楚自身的优劣势，既不忽略优势科目，也不排斥劣势科目，每天按不同比例将学习时间分配给各个科目，做到各科兼顾、平衡发展。

状元经验谈 | 我们的好方法

> ### 👤 刘倩莹
> 北京市高考理科状元
>
> 　　全面安排时间时，既要考虑学习，也要考虑休息和娱乐；既要考虑课内学习，也要考虑课外学习，还要考虑不同学科的时间搭配。应找出自己的最佳学习时间，如有的同学早晨头脑清醒，最适合于记忆和思考；有的则晚上学习效果更好。要在最佳学习时间里完成较重要的学习任务。此外，应注意文、理交叉安排，如复习一会儿语文，就做几道数学题，然后再复习英语等。

张韵凝　　　北京市高考文科状元

学习时，应针对自己的特点来合理制订各科的学习时间计划。

英语：我每天起码会读半个小时的英语，读课文，一遍一遍地、反复不断地读。这也培养了我的语感。

数学：我每天花在数学上的时间也不少。我数学不太好，为了不让数学拉后腿，我尽量匀出时间花在数学的学习上。我每天都会做一个小时的数学题，而且主要是找基础题来做。

牛子牛　　　天津市高考文科状元

要明确自己的优势、弱势。高一时文科是我的弱项，我就着重于文科的读、写、练；数学是我的强项，我就少放些时间在上面。高二时我们对自身情况已经有了比较全面的了解，这时只有兼顾各科才能打好基础。高三上学期已进入总复习阶段，这时最快捷有效的方法就是大量做题，特别是平时易错和不懂的题。高三下学期进入全面总结阶段，这时应注意掌握应试技巧，如书写、格式等。

朱娴静　　　浙江省高考文科状元

我学习时采用了学好重点学科，兼顾政治、历史等其他学科的方案。我每天用一定的时间固定学习英语和数学，扎扎实实打下良好的基础。语文则和英语一样，需要注重平时的积累，所以每天也要将零碎的时间分给它一部分。至于政治和历史，一直到高二我对它们的重视才多起来，但还是比数学和英语要少一些，到高三我才将它们同等重视。做出这种安排，主要是因为我学英语和数学并不轻松，而这两科又是高考的重头戏。相比之下，我的历史、政治虽然不是特别好，但由于我阅读过很多相关的书籍，所以文科方面的素质要稍高一些，只要方法得当，只花很少的精力就能迅速提高成绩。

学习时间是有限的，但学习内容却是无限的，因为需要学习的科目很多，各门学科都有自身的特点、规律。这时我们不能以学科来平均划分学习时间，而需要根据我们自身的情况"因科制宜"，重点突出，制订有针对性的学习计划，才能在各学科的学习中游刃有余，将高中的学习击打出"大珠小珠落玉盘"的节奏感。

对于高考状元们来说，他们不认为高中的学习时间是"量"，而认为它是"质"，所以他们根据自己的实际情况给各门功课分配一定的时间。在给每一门功课分配时间时，同学们应把握好以下几点。

（1）明确自己的实际学习水平，确定计划学习的起点。

（2）明确实际可支配的时间，确定各个阶段的学习内容。

（3）明确实际学习任务，确定每天的学习安排。

另外，还应考虑到学科教学的实际，使自己的学习计划能与老师的教学进度相配合，这样才不会使个人的计划与老师的安排发生冲突。记住，在学习中，既不要高估自己，也不要妄自菲薄，给自己定好位是开始高效率学习的第一步。

003
预留时间提升弱科

　　每个同学都可能有自己的弱科，比如有的感到英语较难，有的觉得数学问题较多。因此，同学们在安排学习时间时，千万不要没有主次之分，眉毛胡子一把抓，一定要清楚自己的弱科在哪里，适当预留时间加强学习，有计划地提升它。这样才能有的放矢，取得最好的学习效果。

状元经验谈 | 我们的好方法

邱昕瑶	浙江省高考理科状元

　　我们对模拟考试反映出的问题要认真、客观地进行分析，看看哪些题失了分，弄清失分原因。比如，是基本知识没掌握好，思维能力跟不上，还是学习态度不端正，审题不仔细，或者是学习方法、学习习惯不好等。因为距离高考的时间有限，要坚持"把时间用在刀刃上"，多补薄弱学科的基础知识，避免高考时薄弱科目拉分。根据作业或复习中暴露的问题查漏补缺，如有自己解决不了的问题，千万不要钻牛角尖或置之不理，可以请教一下老师或同学。

👤 李栋　　　　　天津市高考理科状元

　　进入高中，学校会举行大大小小的模拟考试，通过这些模拟考试，学生可以了解自己的学习情况。面对模拟考试的成绩要做到客观看待，分数不是我们应该去在意的。我们应该认真分析自己的弱势在哪里，然后在有限时间里进行有针对性地复习，避免高考时弱势科目拉分。

👤 何平　　　　　青海省高考文科状元

　　在制订学习计划时应该确保重点，兼顾一般。所谓重点，一是指自己学习中的弱科，二是指各学科中的重点内容。我的化学比较弱，原因是初中的基础没打好，到高中后学起来就感觉比较吃力，在制订学习计划时我就把这个情况考虑进去了。我利用两个月的时间完成对初中化学知识的系统补习，每天在完成各科学习任务后，安排一个小时的化学补习时间，将初中化学（共8章）的内容分配到8个星期去完成，平均每周完成一章内容，在每周的开始，又把每章的各节内容大致分到每天。按照这个重点突出的学习计划学习，两个月后，我的化学成绩提高了很多。

👤 李海石　　　　辽宁省高考理科状元

　　我在学习时非常讲究计划性，但我的计划有些特别，跟其他人的学习计划不一样。我的计划是制订"弱项"计划，也就是说，为自己最需要补足的方面制订学习计划，轮番攻克。比如，近一阶段数学成绩有退步，如做题卡壳、考试失分严重，那我就针对数学学科做一个详细的计划，着力下功夫进行完善；到下一阶段再针对另一学科集中火力展开进攻。这种"弱项"计划在整个高中3年，特别是在高一、高二年级效果特别明显，对提高自己的自信心很有帮助。

　　补齐短腿科目，也就提高了复习质量。因此，为短腿科目花时间、花精力是值得的。那么怎么为短腿科目多分配时间，而又不耽误其他科目的正常学习呢？这里有个方法，就是分科计划学习法。

　　每天以一门功课为主，辅以其他三门功课。这就好比吃饭，做一道主菜，配上三道辅菜，主次分明，营养全面。每天的这门主攻科目就可以是你的短腿科目，按照这个方法，学习起来就不会一把抓却什么也没抓住。先把大块时间花在"主菜"上，零散时间看看"辅菜"，学习很有规律，很见成效。当然这个主攻科目是灵活调换的，要根据现阶段的学习情况来设置和调整。

　　看看哪科没考好，冷静分析丢分原因，判断该科是不是弱科。如果是，则要抓紧时间补习。补习短腿科目，对薄弱环节加强分析。学习中查漏补缺，也是提升短腿科目成绩的方法。

　　复习时，在自己归纳的基础上，再和老师全面系统的总结进行对照。查出漏缺，分析原因，进一步加强对知识的理解，弄懂还没有搞清楚的问题，透彻理解和掌握好基础知识。通过自学归纳和查漏补缺，主要是把以前所学的分散、个别、孤立的知识点联系起来，变成系统的知识，从而使你对知识的理解和掌握产生质的飞跃。

004
拟定一份**专属时间表**

　　学习计划中的目标反映的是一种理想，是一种可能性，其出发点应当是根据自己学习的实际情况，合理地利用每一天的时间。没有时间安排表的学习显然是松散的，很容易造成重复劳动，这显然是不行的。只有详细制定出每天的学习时间表，严格执行，养成习惯，时间才能真正握在你手中。

状元经验谈| 我们的好方法

> **李昊辰**　　　　　宁夏回族自治区高考文科状元
>
> 　　在安排好宏观的学习计划后，有必要根据自己的作息时间拟定一份具体的时间表，安排自己每天的学习。一张合理的作息时间表看上去非常不起眼，作用却很大。它可以让我们的学习生活比较有规律，在我们脑中形成一种条件反射，当我们到那个时间后就对某一科目的学习异常兴奋，学起来效果就会更好。就像打网球一样，你必须要找到感觉，这样对学习是非常有意义的。

朱宸卓　北京市高考理科状元

以前，我从来没有制订过特别详细的计划，顶多也就是给自己设定一个目标，然后向着这个目标努力、前进。不过，我想告诉大家，这不叫计划，只是一个目标。我认为目标固然重要，但是它离我们很远，而计划是离我们很近的，是我们每天都要去实施，每天都可以进行"盘点"的。其实刚开始的时候，我认为每天制订的计划，表面上看就是写一段文字，并且会浪费我的时间，但其实它会在意识深处时时刻刻地提醒我们：我一天的计划还有多少没有完成？完成了多少？等等。这反而督促了我的学习，不让我浪费时间，这也算是我学习、生活的一个小动力吧。

蒋胜千　黑龙江省高考理科状元

安排时间表的时候要注意结合自己的实际，如果学习的兴奋点在白天的话，就可以多安排一些白天时间来学习，晚上多安排一点儿时间来休息；如果是"夜猫子"，就可以晚上多安排一些学习时间，中午安排一些时间来休息。我每天早上6点起床，晚上约11点上床睡觉，其中除上课、休息等耗时外，还有6个多小时可供自学。这些时间如果能加以合理安排，效果则是相当明显的。

刘琦　天津市高考文科状元

我每天的时间安排是这样的：早上早读课前一刻钟用来背英语单词或古文；中午午休的两小时，除了处理家庭作业外，一般安排做一个小时的数学习题和半小时的英语习题；晚自习既可以按学校要求安排自学，也可以先完成作业，然后复习语文，剩下的两个多小时则用来复习文综各科。这样一来，每一科在当天都能及时得到复习，有利于快速掌握和运用知识，并且可以避免因为盲目而导致的时间分配不合理及时间的浪费，可谓一举两得。

以上是各位状元各自不同的时间安排。这样根据自身需要的安排是适合自己的，可以让自己学得更好。需要指出的是，学习时间表需要配合学校的教学时间表，在可自行支配的时间段，对各科课程进行梳理和总结。由以上内容可以看出，制定具体的时间表时有两个线索。

1. 可用时间

列出本周课余可自行支配的时间，每天都分出几个时间段，写上每个时间段学什么，较长的时间段学自己目前觉得薄弱的功课。这里面还可以使用些小技巧，例如，每天晚上9点半之后就容易犯困，那么在9点半至睡觉的那个时间段里，最好安排复习数学，因为数学题比较能刺激大脑神经，能够使之兴奋起来，而不要背历史、政治等文科科目，不然一会儿就开始打瞌睡。

2. 学习课程

列出各个课程需要学习的东西，分配到相应的时间段。

同学们在制定学习时间表时，还要注意以下几点。

（1）根据各学科进度及特点，制定全学期学习的总目标和时间安排。
（2）根据自身学科的优势和劣势，合理安排各科的学习时间和应采用的复习方法。
（3）要重视基础学科的学习，如语文和数学，因为学好这些学科是学好其他学科的基础。

005
长中短期计划三结合

　　长期计划是每学期的计划，中期计划是每月的计划，而短期计划则是每周、每天甚至每小时的计划。到了高中，你会立刻感觉紧张起来，但面对这么多要做的事，你或许有一种"老虎吃天，无从下口"的感觉，不知该先看语文，还是该先看数学。因此，这时将长期计划和中、短期计划结合起来就尤为重要，长期计划是方向性的，宜虚不宜实，而中、短期计划是步骤性的，宜实不宜虚。

状元经验谈｜ 我们的好方法

> **👤 袁一沣**　　　　　　　　　吉林省高考文科状元
>
> 　　在学习中，既要有长期计划，又要有中期计划、短期计划，同时还应有临时计划。长期计划，比如一个学期在哪几个学科上下功夫，达到一个什么水平。中期计划，在一个月内学习的重点是什么。短期计划，如一周内集中精力学哪几科、哪几章、哪几节。临时计划则应比较灵活，一般是明后天将要做的事情。只有将长期、中期、短期、临时计划结合起来，才可以真正地做到"胸中有丘壑"。

刘婧   江西省高考文科状元

我们学习的所有知识点之间并不是孤立的，而是相互联系的，如果我们对前面学过的知识点未完全掌握，那么后面的学习将无法进行下去。所以，为了能够将知识点连贯起来，我们在任何一个环节都不能掉链子，要做到学一点儿掌握一点儿。比如，上一周学习了圆柱体的体积运算，一周学完后，我发现对这部分内容还没有完全掌握，而下一周马上就要学习球体的体积运算了。于是，在新的一周即将开始之前，我给自己未来一周的学习做了一个计划，前两天将圆柱体的概念、基本法则弄通，后三天做经典题型，周末进行一个小测验，然后根据测验的结果再有针对性地学习。

郑秋月

辽宁省高考文科状元

经过反复的摸索与试验，我总结出了自己的时间规划体系，那就是大小目标的双重变奏，长短计划的齐头并进。所谓大目标可以很大，比方，可以将考入北大作为自己的大目标，也可以是稍微小一点儿的，如一个学期要达到的学习效果。总之，大目标是中长期的，是方向性的，不是一时半会儿就可以轻松搞定的，往往需要相当长的时间和毅力做后盾；小目标相比较而言，就是一些比较具体的对于学习的短期计划，如今天要预习的功课、晚上要复习所学内容等。

桂亚楠

江西省高考理科状元

将你这一个月要做的事先罗列出来，然后再分成4周，规定每周做些什么，接着再将其分配到每一天、每一小时。当然，有些同学或许觉得这太烦琐，不应每天要浪费大量的时间写计划，但我觉得每月与每周的计划是应该写的，至于每天的计划则大可不必，心里知道就行了。譬如说午饭的时候，可以想想下午自习课的安排；放学回家的路上，可以想想晚上的学习计划。这样点面结合，大计划与小计划相得益彰，就可以在很大程度上提高你的学习效率。

　　由此可见，将大目标分解为一个个阶段性的小目标，可以使目标更加具体化，让你清楚地看到当前应该做什么，怎样才会做得更好。这可以使你漫长的学习生活变得有目标、有次序、有系统、有节奏，使繁重的学习任务变得轻松起来，从而在不知不觉中提高学习效率。为自己设置一些小目标，它的作用在于能够使你把一两天内的学习生活有条不紊。因此，学习计划要做到长、中、短期相结合。

1. 长期计划 ✎

　　长期计划以一学期为限，内容应该是大纲式的，不必求详求细，否则就会出现计划赶不上变化的情况，反而使计划失去作用。

2. 中期计划 ✎

　　中期计划以月为期，内容应该非常详细。

3. 短期计划 ✎

　　短期计划以一日或一周为期，只要心里做个打算就可以了，没必要写下来，以免使计划显得乱而无用。

　　此外，制订计划以后，同学们还要注意及时进行自我检查。每一期限应该干什么，事先计划好。到期就自己检查，看看进度是快了还是慢了。快了，注意检查知识是否掌握了；慢了，就努力赶上。

006
弹性时间计划表更利于实施

　　我们制订计划为的是能够更加有条理地进行学习，所以很多同学都将自己的学习计划制订得很细致，以达到更好的学习效果。但是把计划变成现实，需要一个过程。在这个过程中，主客观情况千变万化，计划订得再实际，也会有估计不到的情况。所以，为了保证计划的实施，不要将计划订得太满、太死、太紧，要留出机动的时间，使它有一定的弹性和可变性。否则，就颠倒了主次关系，由计划应为人服务变成了人为计划服务。

状元经验谈 | 我们的好方法

> **吉淳**
>
> 江苏省高考文科状元
>
> 　　我订的计划是"三件表"。所谓"三件表"，是指学校课程表、自己的计划表和一个"突发事件计划表"。这"三件表"中，课程表，是学校的计划；自己的计划表，是自己的计划；而"突发事件计划表"，则记录学校和自己安排之外的"突发事件"，一些自己未完成的"欠账"的事儿，也可记在这个表格上。这"三件表"相互补充、相互促进，很好地解决了自己的计划与学校的计划冲突的难题。

👤 许长发
江西省高考文科状元

我把学习计划分为两条线，"一线"和"二线"。计划中的"一线"，主要指那些常规学习活动，如预习、听讲、复习、作业等，目的是完成老师布置的学习任务，消化所学知识。计划中的"二线"，指自己安排的学习活动，目的是深挖所学知识，如参加课外学习小组等。

"一线"是"二线"的基础，"一线"抓得好，就可以腾出更多的时间去抓"二线"。"二线"任务如果完成得好，可以使自己的学习优势或特长进一步发展起来，主动的学习局面就有可能形成。

👤 袁帅
湖南省高考文科状元

我们每天早晚各有一个半小时可以自由支配。如果以一个半小时为一个复习时间单位的话，那么每月我就有约60个这样的时间单位。我在制订每月计划时，通常这样分配它们：语文13个，数学12个，英语12个，历史8个，地理8个，政治1个，机动6个。基本做到了立足全局，兼顾各科。语、数、英这三科，占到37个时间单位，几近60个时间单位的2/3。而史、地、政这三门副科，则占到17个时间单位，几近60个时间单位的1/3。制订计划时应以主科为主，副科为辅，留下6个时间单位的机动时间，以保证计划顺利完成学习任务。

生活和学习应该形成规律，但也不能像机械运动那样，周而复始，一成不变。当计划执行了一个阶段以后，就应该检查一下学习的效果，明确哪些地方需要修改，哪些地方需要补充，从而对原计划进行科学而合理的调整。怎么制订有弹性的计划表呢？一方面，尽量与学校的计划配合上；另一方面，尽量避免计划之间的冲突。将计划分为A、B两组是一个有效的方法。

1. 计划与学校的计划同步

高三的时间，无非是两大块：一块是上课时间，为A组；一块是自习时间，为B组。上课时间自不必说，学校已有安排，关键就在自习时间。

2. 避免计划之间的冲突 🖉

首先，把最重要的任务罗列出来。这些任务通常是必须完成的，称之为A组。其次，把次重要的任务列在另一组，称为B组。先把A组计划好。最好不要长时间突击一科，这样也许这科的短期效果不错，但对其他科目极为不利。即使短期效果很好，但如果长时间不巩固，这种效果也会很快消失。为什么要有B组呢？因为它大大加强了计划的可伸缩性。一方面保证了必要的任务，另一方面可以把这些任务放在计划外的时间里，如一些较短的空闲时间。在完成A组后，就可以放心地继续完成B组计划了，这样就能收到很好的学习效果。

把要做的事分成A、B两组，计划发生冲突的可能性就大大下降了。

记住，对待学习计划既要讲原则，还要讲灵活，这样才不至于让它成为一种负担或束缚。但是，订出切实可行的计划之后必须坚决落实，不能轻易地大修大改，更不能随意废弃。

007
要严格执行学习时间计划

　　学习计划不是决心书，空喊口号是没有用的，不能实行的计划不如不定。有些同学在学习中养成了"推"的习惯，今天的任务推明天，明天的又推后天，长此以往，需要补的窟窿会越来越大，就像滚雪球，遗留问题越来越多，那么学习计划就成了一纸空文。

状元经验谈丨我们的好方法

> **张子琦**　　　　　　　江西省高考理科状元
>
> 　　我认为学习方面，要有一个时间安排计划，要明确自己每一阶段、每一天甚至每一分钟要做什么，这样才能提高学习效率。当然，时间计划要根据实际情况制订，不要把计划定得过高，但也不应定得太低而使时间不能最有效利用。制订了时间计划，关键要严格按照计划执行，这样才能起到一定的作用。

🧑 刘诗雨　　　　　　　　江苏省高考理科状元

　　为了更好地学习，我喜欢制订计划，开始时我无法坚持履行它，每到周五就想着周六、周日复习什么，预习什么，做什么，可现实情况是有时连作业都完不成。后来，我觉得我不能这样下去了，计划不履行，等于白做计划。于是，我就想着"如果不完成这个计划，那我考试将不会做题，成绩会下滑，将考不上梦想中的大学……"，想得比较悲观，那样的结果会令我比较害怕，自己就会去完成了。

🧑 李智　　　　　　　　重庆市高考理科状元

　　我觉得我的一个好习惯就是做事不拖，今天的事情今天做完，而且做什么事都专心。如果做事不专心，那么就会既做不好事情又耽误时间，还会影响后边的事。因为我学习比较忙，平时还要练钢琴、学游泳，所以我学习时必须保持高效率才能够完成任务。慢慢地，我就养成了习惯，做一件事要么不做，要做就把它做好。

🧑 马博恩　　　　　　　宁夏回族自治区高考文科状元

　　我平时喜欢看书、听音乐，尤其是看一些故事性较强的小说、世界名著等"闲书"，家里人对此睁一只眼闭一只眼，因为他们知道我有自己的学习计划。我的学习方法是：上课注意听讲，跟紧老师的步伐；课后对自己的学习有明确的计划，并且严格实施。我每天早上起床后，对于今天上什么课、需要做什么习题、复习哪些内容，心里大概有个数。每一天的学习计划我都尽量完成，第二天再做新计划，这样每一天的光阴都不虚度。

> 👤 **韩永强**   内蒙古自治区高考理科状元
>
> 　　切实可行的学习时间计划在我的学习过程中起了非常重要的作用。我把计划书放在显眼处，严格执行，每天完成后都标上自己喜欢的记号以增加成就感。比如，我曾经编过一首自己比较得意的七言绝句，就用来标在计划书上，每天标一个字，4周就把七言绝句写全了。

　　学习时间计划执行过程中有"三忌"。

　　（1）忌拖。不要把计划做得太满，留一点儿可以自由支配的时间，以避免拖延引起的恶性连锁反应。

　　（2）忌僵。学习计划需要可以随时进行调整。

　　（3）忌荒。学习计划必须坚持。

　　计划贵在可行性，不可做不切实际的计划。我们如果已经制订了一份可实现的学习时间计划，那么，只有严格执行并长期坚持才能发挥效用，否则只能是纸上谈兵。下面有三个问题：

　　（1）今天的学习任务我都完成了吗？

　　（2）今天所学的知识我都掌握了吗？

　　（3）明天要学什么我心里有数吗？

　　每天睡觉前问问自己，如果得到的答案是肯定的，那么说明今天的你比昨天有进步，这样每天都在进步，离目标还会远吗？

　　如果发现自己不能很好地约束自己，不能按时完成当日计划，也可以邀请多方监督力量，帮助自己每天达成目标。如把每日计划贴在家里的门上，让父母也看到，让他们每天提醒并督促自己完成自定计划；也可以和同学们组成监督小组，大家把学习计划拿出来，互相监督完成情况；也可以共同制订一份学习计划，几个同学一起学习，互相帮助、互相监督、互相激励。

第2章

科学安排：
杜 绝 浪 费 时 间

　　湖南省高考理科状元杨倩同学说："我不是那种拼命学习的学生，甚至还有点儿懒。就说作业吧，简单的题目我不做，3~5分钟想不出来的题目我也不做。因为我每天至少要复习4门功课，哪有时间抽出半小时来应对一道题？所以，我不会花太多时间去死磕一道题，那样只会事倍功半。"确实如此。在学习中，如果不懂得正确地"偷工减料"的话，很可能做的都是"无用功"，甚至是"有害功"。杨倩同学这种"偷工减料"的方法，不但为自己争取到了宝贵的时间，而且丝毫不会影响学习效果。

008

好情绪会让学习时间升值

　　同学们学习情绪的好坏直接决定着学习的效果。如果保持对学习足够的热情和良好的情绪，那么你会感到越学越轻松、越学越有趣，否则你会逐渐消沉，在无所事事中让时间白白溜走。因此，当你发现自己的情绪出现了波动，就应该马上进行调整。

状元经验谈Ⅰ 我们的好方法

👤 封凡	四川省高考理科状元

　　你是否觉得课本枯燥无味呢？这时就需要"自欺"了。这有点儿类似于心理催眠术，不断地告诉自己："我多么热爱这门学科。""我在这方面非常有天赋。"……大家总习惯说"攻克难关""攻城不怕坚，攻书莫畏难"等，可是我觉得千万不要把学习当作你的敌人，而要充满热情地去学习，探究学习的每一个细节，考虑学习的每一个转折，琢磨学习的每一个变化。

张忆雪　　青海省高考文科状元

一次又一次的考试、早已厌倦的试题、整天昏昏欲睡的精神状态，犹如压在我心上的"三座大山"。我不能再逃避，只能去面对。该如何面对？我只能去向老师求助，我将自己的状态与感受和盘托出。老师非常诚恳地告诉我这需要一个过程。首先，调整心态。要努力进取，追求卓越。其次，调理身体。加强营养，注意饮食规律等。使自己保持一个良好的学习状态，这样才能取得进步。

王浩　　贵州省高考文科状元

高三学习是比较辛苦的，在学习过程中一定要情绪饱满，不要心生怨言。比如，一天中你已经把所能利用的时间都用到学习上了，那么，在晚上临睡前你就能够对自己说："我今天已经把一切可利用的时间都用到了学习上，完成当天的所有学习任务了。"这样，你的心里就会有一种满足感，愉快的心情便油然而生，第二天你就会以兴奋的状态投入新的学习中，从而形成良性循环，这对学习是大有裨益的。

郭文韬　　青海省高考理科状元

记得别人总是问我："为什么你每天的学习情绪都那么高？"我说："因为我每天都会对自己微笑！"其实我是想说，对自己的心理暗示很重要。每天早上，我都会对镜子里的自己说："相信自己，你可以做到！"这样的暗示对于我们保持乐观的情绪是很有帮助的。我们的情绪好了，一天之中无论学什么效率都很高。

👤 **陈博雅**　　　天津市高考理科状元

有段时间，我丧失了对学习的热情，幸好我的老师、同学和家人一直支持和鼓励我，使我走过了那情绪的低潮，重新燃起对学习的热情，从而走上通往梦想的道路。

你看，状元们也有心事重重、情绪低落的时候。想要好好学习，得先好好调整情绪，避免心浮气躁，让自己身心处于平衡状态。这样，我们才会对学习充满热情，学习才有效率可言。

那么，怎样寻找适当的解压方式呢？这因人而异。每个人都有不同的解决方法，比如上面的状元们提到的，向老师、同学、家长寻求帮助和支持，"自欺欺人"法，"阿Q精神"法，跑步打球运动法，等等。这些办法都可以帮助自己，走出情绪低落的恶性循环。

那么如何才能在学习过程中保持好情绪呢？

（1）寻找学习中的乐趣。其实学习本身是快乐的，但如果目的只是考试的话，其中的乐趣就不容易被发现了。所以，眼睛别总盯着考试。虽然考试也重要，但学东西才是真正重要的。当然，乐观主义精神也是必需的。

（2）保持好的心情。好的心情不仅可以使学习变得快乐，更重要的是，人在心情好时思维会比较活跃，学习效率会更高。

没有热情的学习是毫无效率可言的。如果我们学习时没有热情，就容易消沉和放弃，就很难往前走得远些、再远些；如果我们学习时没有热情，就很难从题山书海中站起来；如果我们学习时没有热情，花再多的时间都是无效的。

009
集中注意力是节省时间的法宝

　　无论做什么，外界的影响总是难免的。实际上，我们想做好一件事最大的障碍往往是自己。外界的学习环境对于同学们来讲大同小异，可是不同的学生对于相同环境的反应却不同。学习有效率的同学，不仅有实力，更有良好的心理素质。正是因为他们有良好的心理素质来对抗外界干扰，注意力才高度集中。

状元经验谈 | 我们的好方法

👤 祁箫	甘肃省高考文科状元

　　在紧张的复习阶段，有效克服外界形形色色的干扰，专心致志地学习，确实是节约时间的法宝。我们要学习和掌握简单的抗干扰方法，如可以通过意志来控制自己，也可以通过限定要完成的任务时间来自我控制，有意识地在有干扰的环境中进行集中注意力的锻炼。要努力使自己的注意力被知识吸引。一旦你努力思考问题，周围对你的干扰就会被淡化。

齐华瑞 河南省高考文科状元

越是临近考试，人就越是容易受到外界环境的干扰。自习环境太吵、灯光太强、他人的走动等，周围一点点小动静都能对自己产生影响。马上要考试了，大家情绪都很紧张。遇到上述问题，自己也明白，应当理智一些，尽量避免冲突。我有时还在心里告诫自己：互相体谅一下吧，只要影响不是特别大，能忍则忍吧。可是，越是想不在意反而越在意，情绪也越烦躁，学习就没有效率。后来，我查阅了资料，明白了不少道理。其实在很大程度上，这些噪声是一种心理上的噪声。噪声虽然来自外界，但是让人分心的状态却是通过当事人的心理因素起作用的。你越是注意噪声，就越是觉得它正在干扰自己，越会感到不安，它的分心作用也就越大。所以，我们要想克服心理性噪声对考试的妨碍，关键是克服心理障碍。通过调节，保持平和的心境，急躁情绪就会降低，就可以专注于复习和考试了。

毛雨帆 陕西省高考理科状元

增强抗干扰能力，不仅要靠平时培养意志力，还要掌握一些心理暗示的方法和沟通技巧。比如，在噪声大、干扰多的环境里做作业时，同学们可以反复在心里说："让他们吵吧，我照样能专心学习……"直到自己坚信不移。

人的说话声、走动声带来的干扰是学习最大的影响因素。有时同学们也可佩戴随身听听一些抒情的乐曲来掩盖周围的噪声，因为有旋律的优美动听的音乐也能促使人投入学习。

杨帆　　　　　　　　福建省高考文科状元

　　高效学习是我成功的重要因素。我不是一个死读书的人，不会去死记硬背。我最主要的学习方法就是专注。这种学习方法，是我自己悟出来的。比如，我在课堂上听课特别认真，当老师讲到重要内容或是自己不懂的问题时，我会排除所有的外界纷扰，专心致志地把老师所讲的每一句话都记在心里。当听到重点的内容或老师补充教科书上没有的材料时，我就简要地记一下，以帮助课后复习和理解。如此将注意力集中在听、想、记上，以理解内容为重点，兼顾各方面知识，必将大大提高课堂学习的效果。

　　在正常情况下，注意力使我们的心理活动朝向某一事物，有选择地接受某些信息，而抑制其他活动和其他信息，并集中全部的心理能量用于所指向的事物。因而，良好的注意力会提高我们工作与学习的效率。注意力障碍，主要表现为无法将心理活动指向某一具体事物，或无法将全部精力集中到这一事物上来，同时无法抑制对无关事物的注意。造成这种情况的原因比较复杂，许多较严重的心理障碍都可以引起注意力障碍。而对于学生来说，主要是由于学习负担重、心理压力过大，而造成高度的紧张和焦虑，从而产生注意力无法集中的障碍。另外，睡眠不足，大脑得不到充分休息，也可能使人出现注意力涣散的情况。

　　保持良好的注意力，是大脑进行感知、记忆、思维等认识活动的基本条件。在我们的学习过程中，注意力是打开我们心灵的门户，而且是唯一的门户。这一门户开得越大，我们学到的东西就越多。而一旦注意力涣散了或无法集中，心灵的门户就关闭了，一切有用的知识信息都无法进入。正因为如此，法国古生物学家乔治·居维叶说："天才，首先是注意力。"

　　所以，学生注意力不集中，主要是心理原因，这就要求我们找出症结，加以克服，战胜自我。

010
做好每天的**学习时间记录**

　　心神不定地坐一会儿、站一会儿，无目的地东张西望，在笔记本上乱写乱画，不时地喝水，这都是学习时常见的时间浪费行为。准备一个记录本记录时间，看看哪些时间你用来学习了，哪些时间用来放松了，哪些时间被你毫无意义地浪费掉了。有了时间记录本，你就可以清楚地知道，在一天的24个小时中，你究竟用了多少时间在学习上。

状元经验谈 | 我们的好方法

> 👤 **柴冰倩**　　　　　　　　甘肃省高考理科状元
>
> 　　在学习时，有些同学喜欢做一些毫无意义的事情。比如，摆弄不干胶、贴画，买块泡泡糖嚼个不停等。要知道，这样的"小事"做的次数多了，就会形成一种不好的习惯，可以说这是一种对时间的极大浪费。如果你能把学习时间记录下来的话，你会发现很多时间都被那些毫无意义的事浪费掉了。

👤 王鹏宇　　　　陕西省高考理科状元

现在我们的生活已离不开电子产品，要说电视、电脑、手机等电子产品的好坏，主要还看你怎么利用它。我平时就喜欢用手机下载一些有用的软件来帮助我学习。

"迷你时间栏"是一款倒计时显示器，可以先预设一些目标时间，系统能够根据现在的时间告诉你到下一个目标时间还有多久，时间到了会以不断闪烁的形式提醒你，一分钟后便会自动切换到下一个目标时间。这对我很有用，它督促我抓紧时间完成目标，不占用下个目标的时间。还可以用"记事本"软件在手机上随时记录些东西。以后翻看"记事本"，会觉得自己的生活、学习很充实。

👤 王子元
云南省高考文科状元

虽然一天有24个小时，但是如果能真正学习8个小时，就已经是一件很困难的事了。发现了这个残酷的现实，我们就更要抓紧每一分每一秒间来学习了。不能简单地认为，我上午歇会儿没关系，好好利用中午12点到晚上这段时间就行了。这种想法是非常要不得的，如果老这样想，我们终将什么都干不成。

👤 刘奕君
海南省高考理科状元

每晚离开书桌前，我都会看一下总时间表，了解一下第二天要去上哪些课，有多少空闲时间，然后在一张卡片上写上第二天的计划：即将学习的科目、必须完成的学习任务，以及我想参加的体育活动，并且给每一项任务限定时间。这样每天花费5分钟时间把要做的事情记录下来是很有必要的。

"没有时间！"这通常是很多同学拒绝学习的理由。难道你真的没有时间吗？一天有1440分钟，你有多少时间是花在了学习上，有多少时间是花在了睡眠上，你可能说不清楚。更确切地说，有多少时间是你根本就不知道花在什么地方了。把一天中的这1440分钟加加减减以后，你浪费掉的时间有多少，就代表着有多少时间的价值是你所没有把握住。为了更合理地规划时间，让每天的生活更充实，状元们的经验是准备一本学习记录本，把每一天从早到晚每个时段所做的事都记在上边，具体到分钟，有时还简略地记一点儿有趣的事。虽然这样的安排近乎苛刻，但时间利用的效率却大大提高了，而且将来翻看以前的记录时，会有一种充实感和成就感。

根据状元们的经验，这里想介绍给大家的方法就是记录自己每天的学习时间，而且要比较精确地去记录。

一位状元把时间记录精确到5分钟，这样就可以杜绝一种现象：坐在书桌前一上午，其实什么都没干。在记录的时候，走神儿、发呆都要刨除。这样一天下来我们就会发现，其实每天可以真正用来学习的时间是非常有限的。

或者把要做的事情提前安排好并且记录下来，这有如下两个好处。

（1）把安排记在卡片上随时可以查阅，这样可以使脑子保持清醒。

（2）能将未来的一天先在脑子里过一遍，这样就好像开动了一个心理钟，让自己能够按照预定的时间行动。

011
紧跟老师思路，**珍惜课堂时间**

有一些同学上课的时候并不听老师讲课，而是自己看别的书或是做一些习题。他们以为这样能学得更多，更有效率，其实这是一个很大的误区。学生还是要利用好上课的时间，因为老师深入浅出的讲解，胜过自己费时钻研，如果课上错过了知识点，课后补救时可能要花费更多的时间。课上认真听讲，课后巩固所学知识，都是紧跟老师思路的表现，只有这样才能有效利用课堂的时间。

状元经验谈| 我们的好方法

> **👤 陈晓眉**   贵州省高考理科状元
>
> 课堂上，学生的思维一定要紧随老师的思维，发现有不理解、不懂的一定要多问。课堂效率高，不仅可以帮学生节省更多课余时间，还有利于各门学科均衡发展。记得从上小学起，父亲就常叮嘱我：家庭作业可以少做点儿，但课堂上一定要认真听讲，尽量将自己的疑惑和难题都在课堂内解决，这样，课外可以节省更多时间做自己喜欢做的事情。正是由于记住了父亲的叮嘱，我的学习成绩非常稳定，没有"短腿"学科。

范瑶瑶　　　　　　　　　　天津市高考文科状元

很多同学会选择课后去补课，或者自我钻研。这固然是好事，但补课的老师也是按照上课的思路给你讲述的。即使是补课，也要认真听老师讲课，跟上老师的进度。再说，连上课都不能认真，你还能做些什么呢？所以，上课要跟上老师的进度，而且课后要及时巩固，回想一下课上老师讲了些什么。当然你也可以比老师的进度更提前，因为老师毕竟是根据大多数同学的学习的情况来教授的。站位更高地去审视、去研究，问题就会更清楚，学习也就更有动力了。

王伟宇　　　　　　　　　　吉林省高考理科状元

有的同学听课听不懂，其中一个主要的原因就是他们听课时只注意一些支离破碎的片断，没有抓住老师讲课的完整思路。这就需要在上课时抓住老师的思路，不仅不能放过老师讲的每个细小问题，还要特别注意老师叙述问题的逻辑性，注意老师正在讲什么问题，解决什么矛盾，问题是怎样提出来的，分析问题的步骤和方法是什么，得出了什么结论，等等。抓住了老师的这些讲课思路，就可以逐渐深入到知识当中去，做到举一反三了。

大发明家诺贝尔曾语重心长地教导孩子们："没有比在课堂上与老师交流更重要的了，把握这45分钟，胜过独自埋头学习10天。"的确，对我们来说，没有比听课带来的收获更多了。总之，上课要紧跟老师的思路，不能只顾自己思考问题，要避免出现顾此失彼的被动局面。

下面我们来具体学习一些上课时抓住老师思路的方法。具体说来，同学们需要做到以下几点。

1. 重视老师的课堂提问

老师在讲课过程中往往会提出一些问题，有的要求回答，有的则是自问自答。一般来说，老师在课堂上提出的问题都是学习中的关键，若能根据老师提出的问题深入思考，就可以抓住老师的思路。

2. 注意老师的提示

老师在教学中经常会用一些提示语，如"请注意""我再重复一遍""这个问题的关键是"等，这些语言往往体现了他的思路。

3. 紧跟老师的推导过程

老师在课堂上讲解某一结论时，一般有一个推导过程，如数学问题的来龙去脉、物理概念的抽象归纳、语文课文的分析等。感悟和理解推导过程是一个投入思维、感悟方法的过程，这有助于我们理解记忆结论，也有助于提高我们分析问题和运用知识的能力。

不同的老师有不同的讲课风格，有的语言幽默，有的逻辑严密，有的口若悬河，有的提问很有启发性。同学们面对不同讲课风格的老师，肯定会不同的反应，有适应的，也有不适应的。如果遇上自己不太适应的老师，也要认真听课，尽量去适应老师的讲课风格，这样才能提高学习成绩。

012
利用课堂45分钟有技巧

在校学习知识，不能舍本逐末，课堂45分钟才是学习知识的宝贵时间。优劣生的差距有时不是取决于课外学习时间的多与少，而是能否利用好课堂45分钟。有的同学听课效果之所以差，关键在于没有分配好课堂的时间段，以至于听不出门道。所以，利用好上课时间，掌握了听课方法，听课的效率自然就提高了。

状元经验谈| 我们的好方法

黄东　　　　　　　　广西壮族自治区高考理科状元

我从不上辅导班，但我的成绩一直名列前茅，这也许与我平时高效率地学习有着千丝万缕的联系。我回到家后很少学习，也没有"开夜车"的习惯，平时利用好课堂45分钟的时间，将老师讲的内容有效地吸收，再合理地利用课余的学习时间，就能很好地提高学习成绩。学好课堂知识，消化课堂知识，再适当地做一些习题就够了。没必要花更多的精力上辅导班或补课。学习要注重效率和质量，而不是学习时间的长与短。

井琳　　　　　　　　　黑龙江省高考理科状元

上课铃一响，我们就要通过回忆，迅速把旧课和新课联系起来，以便进入学习状态。对于预习了的内容，可以带着预习时的问题上课，由于有了迫切需要解决的问题，有了具体的学习任务，就会积极主动地去听讲、去思索。学习兴趣一旦被激发出来，其他事情就不易引起注意，就不容易走神儿了。

韩启辰
云南省高考理科状元

上课时，很多老师都会要求学生打起十二分的精神听课。其实，这是不科学的。一节课45分钟，一天好几节课，要想每节课自始至终紧张、专注地听讲，说实话也是件很难的事。并且，人注意力集中的时间是有限的，如果大家一上课就过于全神贯注，后面很有可能会心神疲惫，精神散漫，错过重点知识的学习。因此，要学会运用前松后紧的听课法。所谓前松后紧，是说听课时前几分钟松弛一点儿，后面再紧张起来。这种听课方法不但比整节课都竖起耳朵听课的方法轻松，而且更高效。

王亚玉
河北省高考理科状元

那些在预习时很容易理解和掌握的地方，老师讲到时不必全神贯注，让脑子放松一下，往后翻翻课本，或许会有新的收获。整整一堂课让脑子紧绷着一根弦，一般人是受不了的。有的同学刚开始上课还能集中精力，可上到半截儿就开始走神儿。而老师上课时往往一开始是回顾以前所讲内容并引入新的内容，知识相对比较简单，接下来才是较深入的分析和讲解，这才是最重要的东西。可偏偏此时不少同学已经是心不在焉了。因此，我们听课时不妨反其道行之，刚上课时先放松一点儿，后半节课再紧张起来。

既然课堂时间这么重要，那么，听课的时候有什么门道吗？这就得根据老师讲课的步骤来掌握了。每个老师在授课的时候，都会把课堂的45分钟分为3个阶段。

1. 开篇引入阶段 ✏️

老师一般会在课堂的前10分钟时间里用最简练的语言回顾一下上一节课讲的内容，以便达到内容的衔接、过渡，再引入本堂课要讲的内容。

2. 深入讲解阶段 ✏️

这一阶段即课堂中间的30分钟，通常是本节课的重点所在，一定要跟着老师的思路走。

3. 总结梳理阶段 ✏️

每到离下课还有5分钟的时候，老师基本上就会停止新课内容的讲授，对本堂课知识点进行小结，帮助同学们梳理一下所学的内容，并留作业或思考题，以便同学们课后复习和巩固所学的知识。

当我们了解了老师讲课的套路，就可以有针对性地采取措施了。

心理学家研究表明，青少年的注意力一般只能持续20～25分钟。超过这个时间，注意力就会下降。有人对高一100名同学（50名男生，50名女生）就听课时间的长短进行了调查，大多数同学认为一节课45分钟太长，45%的同学认为30～40分钟为宜，37%的同学认为20～30分钟最好，甚至还有13%的同学主张一节课应在20分钟左右。这样注意力的可持续时间与正常教学一节课的45分钟之间，就产生了一定的矛盾。因为大部分同学听课是"前紧后松"，前半节课尚能保持注意力，后半节课往往会不自觉地开始松劲。而课堂教学的内容往往恰恰相反，后半节才是重头戏。所以，这里提出了一个解决矛盾的办法：听课不妨前松后紧。

"前松后紧"原则的意义在于，它与大部分同学的习惯恰恰是相反的。一些注意力不容易集中的同学不妨试一试，也许会收到意想不到的效果。

013
充分利用自习课的时间

　　自习课是学生自主、自我学习的课堂，通俗地说，就是没有老师教课，同学们可以自己支配的课堂时间。高中生自习的时间比较多，如何利用它显得尤为关键。利用得好，对我们的学习将大有帮助；利用得不好，就只能将时间白白浪费掉了。

状元经验谈丨我们的好方法

> **🙎 江冰森**　　　　　　　　　　　　福建省高考文科状元
>
> 　　下午除了正课还会有一些自习，高中时学校一般还会安排晚自习，这是一天中最集中的自由学习的时间，一定要合理安排。上自习之前大概订一个计划——复习哪一科，准备看多长时间，做哪些练习，等等。如果基础不太好，要以结合老师的进度为主。如果自学能力比较强，精力允许的话，也可以自己另订一套计划，从不同的角度，比如老师是按课本顺序，你可以按专题等进行复习。

👤 高羽洋　　　　　陕西省高考文科状元

要知道，每个人的学习时间都相差无几，成绩之所以有差距，大多是因为学习效率不同。进入高中后，课业变得非常繁重，所以，我必须利用好自习课的每一分钟甚至每一秒钟，达到以效果取胜的目的。这就要求我们课前大概有一个计划，比如复习哪一科，准备看多长时间，做哪些题目，等等。

👤 叶一豪　　　　新疆维吾尔自治区高考理科状元

我之前以优异的成绩考进了高中，但是第一次期中考试却考了班里倒数第3名。通过交谈，老师了解到我学习比较努力，只是有点儿过于"执着"。比如，晚自习有一道题没做出来，我就坐在那儿苦思冥想，结果都没有时间去温习其他科目了。老师建议我合理利用课余时间。比如，周一晚自习有两个小时，给数学40分钟、英语30分钟、语文20分钟……尽管当时我对老师的建议半信半疑，但还是照做了，结果，那一年的期末考试我考了全班第9名。后来每次考试我都是学校里的前5名。

👤 王震霆　　　　　湖北省高考理科状元

大家都知道，学习最讲求的就是自觉性。这个已是老生常谈，我这里只想强调一点：不要积留问题。问题总是越积越多的，当你抱着侥幸心理告诉自己"先放一放，明天再说"时，你应该想到你可能永远不会有时间解决本该今天解决的问题了。不要给自己留后路，在学习上要对自己苛刻一些。另外，自习课时间有限，我们要集中精力，学出成效。例如，自习课背英语单词效果不会好，这类记忆类的科目应放在早上或利用零碎时间来进行，在自习课记忆单词或背历史、政治是事倍功半的。利用自习课预习第二天的课程也比较浪费时间，因为今天的知识还没有完全消化、吸收就盲目预习是徒劳无功的。

那么，我们该如何利用自习课的时间呢？在自习课上怎样学、学什么才算充分利用了时间呢？让我们来看看状元们在自习课上是如何学习的。

每天的自习时间，要复习和巩固当天所学的知识，把不懂的问题弄清楚；把做过的作业或者讲义整理一遍，主要整理3类题目。

1. 做错的题目 ✐

记录你做错的原因及正确的解答，以免再犯同样的错误。

2. 新的题目 ✐

记下以前你从没见过的题目。多整理这样的题目，不仅能增强你遭遇新题时攻克它的信心，还能锻炼你的思维。

3. 有新解题方法的题目 ✐

当老师或同学使用一种你没想到而又非常巧妙的方法解答一道题时，你应该记下这道题和这种解题方法，独立思考，真正理解这种解题方法的思维方式，并加以消化吸收，使之变成你自己的知识储备。

善于利用自由学习时间是掌握学习主动权的关键。对于学习基础不好的同学来说，自己可支配的自由学习时间几乎没有或者很少，因为他们能完成老师当天布置的学习任务就很不容易了。如果这些同学的学习成绩提高了，他们的常规学习时间将会逐渐减少，而自由学习时间会逐渐增加。不少同学不善于利用自由学习时间，这也恰恰是他们难以改变被动学习局面的原因之一。自习的时间是完全由你自己支配的，安排得是否妥当决定了你这一天甚至这一周学习效果的好坏。只有善于利用自由时间学习，才能真正自主地学习。

014
自我总结可以节省时间

　　高中的学习不同于初中，这个阶段包含大量的知识，常常让我们感觉无从下手。解决这一问题的最好办法，就是总结。学习总结也就是对过去所学过的知识进行回顾，可以是学习笔记，也可以是错题集锦或知识点归纳等。比如，以前做过的一道数学题，你当时是怎么做的，在做的过程中出现了哪些问题，为什么会出现这样的问题；如果现在再让你做的话，你会怎样做，用什么方法做，这样做有什么好处。这样的总结是要花时间的，但从所带来的学习效果来说，为它花一些时间是值得的。

状元经验谈I 我们的好方法

 刘梦非　　　　　　　　　吉林省高考理科状元

　　有人说做总结太花时间，太费精力。的确如此，总结可不是件轻松的事情，但是对我的学习帮助很大。高三的时候，好多同学都来向我借笔记，我都很痛快地借给了他们。但是我还要说，无论怎样，还是自己做总结效果好，何况这种能力的培养，也是必不可少的。因此，不要偷懒，从高一就开始做学习总结吧！

于潇 河北省高考文科状元

高三的寒假过后，开学时，同学们传看我总结的"中国各省区市地理"，发出阵阵赞叹。可没人知道，那是我在假期里花了六十几个小时总结出来的。

吕晔
宁夏回族自治区高考理科状元

不论学理学文，不会总结的人都无法融入、适应高中的学习。总结，也不是一朝一夕的事情，要从一上高中就学一点儿做一点儿。可以根据老师的建议就做过的习题列出一些专题，如数学中的"椭圆中的角的问题""复数在解析几何中的应用"等。先去收集、归纳这类问题常用的知识点、公式、所属类型和解法，再附上一些习题，尽量找一些经典、有代表性的题目，帮助我们理解。

刘毅文
云南省高考文科状元

在文科中，总结所起的作用更加明显。到高三的后期，我文科的总结笔记大约有20本。历史主要是一些专题：古今地名对照、中国古代各少数民族简史、印度史、中国现代著作简表……我曾把5册历史书中发生的事件归结在一起，按年份从"元谋人"一直写到"中国共产党十五大的召开"，真的是一项浩繁的工程，不过完成之后，再要查哪一年发生了什么事，或这件事发生时的国内国际环境，就一目了然了。

总结是一种循序渐进的学习过程，可以节省时间，对同学们的学习有很大的帮助。但是，这并不意味着所有的总结都是越详细越好。总结笔记也要讲究方法，如果不注意方法，有时候不仅不能达到目的，还白白浪费了时间。

到底如何做总结才最有效率呢？总结的方法没有统一的标准，但还是有章可循的。

1. 把总结记在课本上 🖊

　　最节省时间的做法就是把总结记在课本上。现在的课本开本比较大，每一篇课文旁边都留有一片空白，这个空白的地方其实就是让学生标注的。最重要的是，把笔记记在课本上要比记在专门的本子上好得多，因为边看课本内容边看笔记，既方便又高效。

2. 用自己的话总结 🖊

　　要想总结做得巧，就要用自己的语言来记录。自己的话是自己思考过的，用自己已有的知识整理出不同架构的知识，有利于强化记忆。之后，我们对自己总结内容进行复习，不仅能巩固所学的内容，还能让我们对所学知识产生新的知识。

3. 用符号来总结 🖊

　　有符号的总结，就是在总结内容上加标记号，标明重点，提出疑问，引起注意。你可以选择一些自己熟悉的符号，如用"？"表示疑问，用"！"表示重点词句，等等。当然，你也可以用不同颜色的笔来标记不同的内容，如用红色标记重点，用蓝色表示疑问。

　　总结笔记也要有一定的格式，不要随意变换格式，以便于我们查找和记忆。其实在学习中，一段时期后的自我总结也非常重要。可以坐下来用5分钟时间静静地想一想：这一段的学习状态怎么样？效果怎么样？有没有什么问题？为什么会出问题？怎么来解决它？总结—查找—分析—计划，这样花费不了多少时间，但总能让不断调整学习方法，直指目标。所以说，在总结上多花点儿时间是"性价比最高"的"投资"。

015
缩短学习疲劳期

　　有的同学如果连续学习一门功课两个小时以上，就会出现效率低下情况，比如眼睛看着英语书，脑子里却在想着数学题；或者看书一目十行，可是看完了脑子里没留下一点儿印象；或者笔耕不辍地做题，但是这次错了下次还错。这些同学看起来忙忙碌碌，却没取得什么学习效果，这种"勤"是在毫无意义地浪费时间。学习过程也有规律，即有最佳学习时间和学习疲劳期的区分。如果你能把学习疲劳期缩到最短，学习效率自然也就提高了不少。

状元经验谈I 我们的好方法

> 👤 **杨纯子**　　　　　　　浙江省高考文科状元
>
> 　　每个人都会有学习疲劳期，我很少强迫自己在那种时候拼命苦读，除非第二天有重要的测验。只有在自己有心情看书的时候效率才会是最高的，而且这种学习或许能降低你对学习的厌烦程度。当然，这里有一点非常重要，那就是你的学习疲劳期千万不能太长了。

胡嘉　　　　　　重庆市高考文科状元

不少同学认为"勤"是学习时获得成功的灵丹妙药。古人说过："书山有路勤为径，学海无涯苦作舟。"不错，不勤不能成才，但要明白，光"勤"也不一定就能成才。其实，几乎没有几个同学是不勤奋的，但是，为什么有的学习好，能金榜题名，而有的却成绩平平，乃至名落孙山呢？可以这样认为，这些同学眼中的"勤"仅仅是"不闲着"的代名词，似乎"我"在读、在写、在练、在背就是"勤"，就充分了利用时间，要知道"勤"只有和"效"结合起来才有意义。请问，如果你一天读了500页书，练了2000个字却没有记住一页甚至一句话，没有记住一个字的结构特征乃至一个笔画的写法，那这种"勤读勤写"还有什么意义？

朱恬缘　　　　　黑龙江省高考文科状元

思考在学习中起着举足轻重的作用。打个不太恰当的比方，它好比化学反应中的催化剂。假设你所学到的东西是一颗颗珍珠，大小不一，品种各异，如果让你立刻拿出某一规格的某种珍珠，你可能会找很长时间。假设你有一根红线，把不同规格、不同品种的珍珠分别穿起来，并且有一定的序号，那么你便会轻而易举地办到刚才所说的那件事。思考恰好能起到这根红线的作用。尽管思考的作用这么大，但我们对思考的重视程度仍然是不够的。你反思一下，一天之中你用了多少时间来思考？是不是在书山题海中疲于挣扎？"题海无边，回头是岸"，做完每道题都需反思一下，这是何种类型的？解决这类问题的一般方法是什么？这样才能举一反三，而不会茫然无所得。

> 👤 **牛婷丽**　　　　　　　　　新疆维吾尔自治区高考文科状元
>
> 　　任何一门课程我一般都不会连续学习超过两个小时，有时候甚至刚拿起一本书却发现对它毫无兴趣，于是，我就会赶紧换一本更加有吸引力的。我认为这样学习确实能在一定程度上延长学习时间，而且也可以平衡一下各门课程的学习时间。

　　脑体结合、文理交替，这是学习时间安排上的一个基本准则。"心之官则思"，思维要靠大脑，学习是个艰苦劳动的过程。要使大脑神经细胞正常工作，必须保证脑细胞的新陈代谢。所以，不要长时间地从事单一的活动。应该像学校的课时安排一样，学习一段时间就安排一点儿休息间隙；比较长时间的学习以后，应当去锻炼或娱乐一会儿，然后再回来学习。对学习科目的安排，要注意文理科交替，相近的学习内容不要集中在一起学习。同时，应根据自己一天的智力活动节律，合理地设计与安排学习和娱乐活动。只有这样，才能大大提高计划学习的效率。记住，当你对某一科目已经极度厌烦的时候，不妨换个科目试试。

　　那么在学习疲劳期先学哪一门功课呢？这里有如下两点建议。

　　（1）从你认为最难的那门功课开始。比如今天老师留了好几门功课，其中数学是你的弱项，那么当你开始学习时，就把数学放在最前面。

　　（2）从最拿手的学科开始，逐步进入状态。这一条适合注意力不容易集中的学生。

　　听课时，有的同学听着听着就走神儿了，这就是进入了听课的疲劳时段。最主要的原因就是没有把"听"和"思"结合起来。我们听课时不能被动地听老师在说什么，还需要有意识地进行思考，全身心地投入，积极地倾听。因此，不要做一个被动的信息接受者，要充分调动自己的积极性，将自己的思维和老师的讲课过程紧密地联系起来。

016
寻找**最佳学习时间**

与上节缩短学习疲劳期相对应，学习有最佳时间。所谓最佳时间，是指学习效率最高、做事效果最好的时间段。每个人都有自己的最佳时间，根据各自的生物钟节律，把这个时间段抓住了，学习就能达到事半功倍的效果。

状元经验谈| 我们的好方法

 龙麒伊

浙江省高考文科状元

一个人确实可以在某一固定的时间内，做某一类事情获得最佳效果，这就是人体生物钟现象。这一规律运用到复习上，要求我们养成固定时间内复习固定内容的习惯，比如：早上8:00—9:00和晚上20:00—21:00，记忆力强，可安排复习英语、语文、政治、历史等科目；下午演算和抽象思维能力较强，可安排复习数、理、化三科。这样久而久之，形成定式，一到此时间段，我们心理上就会做好准备，复习的效率就高。

何中华
海南省高考理科状元

要提高学习效率，除了保证充分的休息以外，还必须通过一段时间的实践，寻找出自己大脑活动的规律，比如，什么时候记忆力最好、什么时候逻辑思维最活跃、自己擅长形象思维还是抽象思维，然后安排自己学习各学科的时间，确定具体的学习方法。有些同学由于未依照大脑的特点来安排时间，学什么总没有个固定时间。就说数学作业吧，今天早上做，明天自习做，后天也许就晚上熬夜做，类似的学习方式都是学习盲目的表现，会大大降低学习效率，也就在无形中造成了时间的浪费。

郑苇如
甘肃省高考文科状元

提高学习效率，关键是建立自己的生物钟，保证白天有精神，晚上有精力。我建议每天都要午睡，即便是小憩几分钟，也会对下午的学习和晚上的复习有帮助。下午回家之后，一定要运动一会儿，因为紧张学习了一天，已经很疲劳了，如果在这个时候不运动放松，会严重影响我们晚上的复习效率。也可以看看电视，看一些轻松的娱乐节目或是听听歌，让自己放松下来。在复习阶段形成的早起晚睡的生物钟，在高考前一个星期或是更早就应该试着改变，因为高考那几天肯定是需要保证充足的睡眠的。

如果把学习活动安排在生物钟节律的巅峰，就会产生良好的效果。如果我们使用得当，可以轻松自如地消化、掌握和巩固所学知识。我们可结合每个时间段的生理特点，适当地安排每天的学习任务。

高中生寻找最佳学习时间段一般有以下几个步骤。

（1）应先明确最佳时间段是整块的时间，而非零散的时间。至少是超出一节课的时间，才称得上是一个整块的时间段，才值得我们去寻找。10分钟、8分钟的时间段，只能称作零散的时间。

（2）同学们在校学习，可以自己支配的整块时间只有早上或晚上。因此，寻找最佳时间段的问题就转化为弄清自己是"猫头鹰"型还是"百灵鸟"型的问题。所谓"猫头鹰"型，是指在晚上学习效率高的人；所谓"百灵鸟"型，是指在早上学习效率高的人。

（3）在确定了自己是"猫头鹰"型还是"百灵鸟"型之后，应进一步研究，怎样运用这一最佳时间段才能取得最大效益，比如说，要探寻自己是在一定时间段就学一门功课的效益好，还是交替学两三门功课的效益好，等等。

总之，找到你学习的最佳时间段，用好你学习的最佳时间段，是迅速提高学习成绩的一种方法。

017
形成适合自己的学习规律

　　有规律地利用时间，是增强学习效果的好办法。有许多同学时间看似用了不少，但没取得什么实质性的效果，最大的问题就是他们没有形成固定的学习规律。根据巴甫洛夫条件反射原理，如果在固定的时间学习固定的科目，每当打开书本，大脑就会不由自主地兴奋起来，就好比每到吃饭时间，人就会感到饿一样。所以，在固定的时间做固定的事情，有助于取得更好的学习效果。

状元经验谈 | 我们的好方法

 范孟辰　　　　　　　　陕西省高考文科状元

　　真正令人心惊的高三生活是从那些铺天盖地的卷子开始的。如何完成这么多份试卷成了我要解决的首要问题。所以，我下定决心改变原有的学习方法，把每一科的学习都安排在每天固定的时间里，什么时间做什么题、什么时候看什么书都安排得井井有条。不管发下多少试卷，我只按自己的时间安排来做，绝不会为了完成某一科的卷子而耽误另一科的学习。

孙寒泊　　　　　河南省高考理科状元

　　要形成适合自己的学习规律，具体到每个阶段学什么，也是非常有讲究的。早晨，头脑清醒适于记忆，所以每天早晨我都背一些英语课文或名家名段，但从不利用早晨的时间写理化作业。中午午休后，一般是写作业。由于我是班长，成绩比较好，所以有不少同学喜欢和我讨论问题。我利用中午时间写作业，这样可以做到心中有数，更好地为别人解答。自习课和晚自习，一般是做一些练习题。我坚信"熟能生巧"，因此，做练习是我每天最愿意干的事。晚上回家，通常是看一些英语语法之类的内容，分专题读，如虚拟语气、连词等。高中3年每天如此，学习越有规律，效率就越高，成绩上升就越快。

祝凌霄　　　　　内蒙古自治区高考理科状元

　　我给自己定下规矩，给每科安排好固定的时间，例如，早上15分钟读英语，课外活动时间做一道政治辨析题，晚上用一段时间钻研数学。睡眠、休息也有详细安排。为了不一味地跟着老师跑，而使学习只有数量没有质量，我在每天晚上睡前，都闭着眼睛回忆当天所复习的内容，每个周末再把一周的知识在脑中串一遍。这么做看似总在重复，其实若不这样做，前面复习的知识过了一段时间就会忘记。第一轮复习费点儿力气，到第二、第三轮复习时，就可以将大部分精力用来对知识进行深入分析。

　　按照遗忘规律，遗忘的速度是先快后慢，越往前遗忘得越多越快，所以学过的内容应及时复习，而有些同学老是先玩后复习，或攒到一块儿再复习，有的甚至仅做作业而不进行复习。大脑的工作也有个时间限度，用久了就会疲劳，如果不适当休息，那我们不但学不好知识，甚至还会对已学过的知识产生影响。学习有规律的学生，什么时间做什么事都是固定的，所以他们干完一件事马上就去干第二件。这样，时间就得到了充分的利用，不会浪费掉。在固定的时间学习固定的科目，就不会为了确定学习哪一科目、完成哪一项学习任务而游移不定，白白浪费自己的时间。一般而言，一天安排学2科或3科为宜，一天只学1科容易疲劳和感觉枯燥，每天学5科则会使每科的学习时间过于零散，不利于学习的连贯性和系统性。

要形成固定的学习规律，需要决心和毅力。一位状元有如下经验之谈：

为了改变以前不规律的作息时间，我在假期里强迫自己早上7:00准时起床，白天无论多困都强忍着不去睡觉，晚上11:00准时睡觉，即使非常清醒也要静下心来躺在床上。一个假期下来，我的作息就变得非常有规律了。这对我的学习帮助非常大。养成了这样的习惯，就可以保证我在校一天的学习都精力充沛。众所周知，听讲是学习中最重要也是最有效的环节，因此，我学习起来就事半功倍了，而且身体状况也有所好转。调整好生物钟确实对身心都大有好处。

018
营造舒适的学习环境

　　要实现自己的学习计划，学习场所的选择和时间的管理同等重要。好的学习环境是要努力去寻找或创造的，不要安于不好的学习环境，要把自己放在一个能专心学习的环境中。营造舒适的学习环境，最终目的是专心学习，所以，我们要减少任何可能分散注意力的东西，如关掉电视，关掉你的手机，让自己进入一个不会被人打扰的区域。

状元经验谈| 我们的好方法

罗瀚宁
安徽省高考文科状元

　　学习的环境很重要，因为一种向上的学习氛围能带动自己好好学习。但学习成绩的好坏，最重要的还是看个人。自我控制能力强的人，在任何环境下都能学有所成，所以，我认为学习环境好，尽管不是成绩好的唯一条件，但也是至关重要的因素。

👤 马鸿图

青海省高考理科状元

其实家中环境还是比较适合学习的，但周末我仍坚持到学校学习，为什么舍近求远？因为我觉得在家里学习，往往管不住自己，一会儿想吃东西，一会儿又想躺一会儿，学习效率很低。在学校学习虽然物质条件差一些，但周围都是认真学习的同学，学习的气氛比在家里好多了。所以，如果明明知道学习环境不好，知道自己缺乏自控力，那就应该迅速离开这种环境，这时犹豫就意味着失败。

👤 何思雨

河北省高考文科状元

我在学习的时候，很注意周围的环境。我会选择干净、整洁、安静的地方学习，这样我感到很舒心，不会因周围的干扰而分心。首先，我不会在眼前存放大量的零食；其次，我不会随便摆放学习用品，以免需要时四处寻找，浪费时间；最后，我不会把学习的地方当作放松的场所，以免放松后迟迟进入不了学习状态。

人类环境行为或是由于客观环境的刺激作用，或是由于自身的生理或心理的需要，或是由于社会因素作用所形成的。作用的结果表现出适应、改造和创造新的环境。马克思说过："人创造环境，同样，环境也创造人。"学校、班级、自习环境对学生教育起着潜移默化的熏陶和启迪作用，一个布局合理、生机盎然、整洁优美、宁静有序、蓬勃向上、健康和谐的环境，对学生的健康成长和勤奋学习、良好发展，必然产生巨大的影响。因为学生个体素质模式的建构和塑造，有赖于与之相关的各种教育环境的引导、开发和优化选择。良好的环境能使人产生积极健康的情感，不良的环境能使人产生消极的不健康的情感。

那么，怎样选择或创造一个最适宜学习的环境呢？

（1）同学们在课余时间可以到自习室或图书馆去学习，这时最好能避开过道，选择一个较少受干扰的位置，准备好学习所需用具，如纸、笔、课本和资料等，然后静下心来，训练自己按计划一次做完一些作业。每次到自习室或图书馆去学习，最好都能按习惯坐在同一个位置，这样有助于集中精力，使自己迅速进入学习状态。

（2）高中生的课余时间一般都是在自己家里学习，那么就应当找一个光线充足、不对着窗户的地方。要尽量避开令你分心的东西和景物，如朋友的照片、需要回复的信件、报纸杂志等，因为这些都会使你分心，浪费你的时间。如果有自己独立的书房，应将自己的书房布置得整洁、明净和优雅，营造一种清新和宁静的学习氛围，这样有助于提高学习效率。

（3）假若自己家里的学习条件不好，在周末的自由学习时间，可以到公共图书馆去，那儿有理想的学习条件：浓厚的学习气氛、丰富的图书资料……

总之，在条件允许的情况下，尽量为自己选择一个适宜的学习环境，这有利于我们高效利用时间。

第3章

高效用时：
重在提高学习效率

　　每一个人每天都有24小时，对谁都不偏不倚，问题在于你是否能充分利用它。宁夏回族自治区高考文科状元马悦同学说："学习最重要的是寻找适合自己的方法，注意提高效率。高三是持久战，不是靠时间夯出来的。12年来，我从来没有晚上11:30后睡过觉，高三下学期有一段时间学习任务很重，也只是从11:00睡延长到11:20睡。"马悦同学的成功经验也告诉我们：学习的关键并不是你用了多少时间，而是在这段时间里你有多少收获。因此，我经常对学生讲这样一句话："不必每一分钟都要学，但学的每一分钟都必须有效。"

019

让高效学习**成为习惯**

　　时间≠效率。我在教学过程中经常看到：有人10分钟看1页书，也有人几分钟看10页书。数量≠质量，做错2道题不如做对1道题。所以说，衡量你的学习效果的标准，不是看你坐在书桌前的时间有多长，也不是看你做过的练习册有多厚，而是看你是否让每一分钟的价值最大化。

状元经验谈 | 我们的好方法

> **👤 刘宇**　　　　　　内蒙古自治区高考理科状元
>
> 　　有很多同学认为，高一和高二的学习是比较轻松的，没必要搞得那么紧张。班上的很多同学都觉得很无聊，认为学习任务不重，时间又充裕，没有必要紧张，就开始放松起来，虚度时光。然而，就是在这不经意的放松中，你宝贵的时间悄悄地溜走了。等到了高三时，我们才追悔莫及。所以，我觉得任何时候都不应该放松对自己的要求。从高一时起，我就保持适度的紧张感，做事讲究效率，形成习惯，这其实也是在积极地为高三做准备。

🔸 李金昭 　　　　　　　山西省高考文科状元

　　我高中3年从未参加过任何补课班，每天的睡眠时间一定保持在9个小时以上，高考前半个月也照常看小说、玩电脑。但是我一旦决定要学习，就会忘了小说主人公叫什么，也听不到同学在聊天，我可以在1天内背下整本历史书或做完1本数学练习册。绝对心无旁骛，舍此无他。疯狂地玩，疯狂地学，你说我用功还是不用功？

🔸 陈威 　　　　　　　　河南省高考理科状元

　　做题贵精，而不在多。没有学习质量，做再多的题也没用。所以，我在练习时通常做几道题之后，就对答案，有错误及时修正。如果平均准确率低于85%，那就要放下习题，重新看课本了。时间和做题的数量并不是与学习效果成正比的。会做了就不做，只做不会做的。善于学习与不善于学习的同学之间的一个区别，就在于善于学习的同学很少搞"重复建设"，的确已掌握了的题，就不再做了，而是去做不会做的。而不善于学习的同学，老是搞"重复建设"，已做过的题过几天又做一遍，看似很忙，看似用功，其实做的都是无用功。

🔸 施朝 　　　　　　　　浙江省高考理科状元

　　很多同学觉得英语很难学：花了很多时间背单词，却总是背了又忘；语法总是出错，阅读速度提不上来。对我来说，英语学习却是轻松的。我每天规定自己1小时内要完成10个新词的背诵和3篇阅读。每天的1小时显得很少，但很高效，正是由于每天的积累，我在英语各方面的能力都得到了提升。这个高效1小时学英语的习惯，我高中一直坚持了3年，这是我要跟大家分享的方法。

　　巴金森在谈时间管理时提道："你有多少时间完成工作，工作就会自动变成需要那么多时间才能完成。"也就是说，如果你有一整天的时间来做某项工作，那你就会花一整天的时间去做它；如果你只有1小时的时间来做这项工作，那你就会更迅速有效地在1小时内做完它。很多时候我们做事拖延，不是时间不够，而是没规定完成时间。为自己设置一些单位时间的目标，能够帮助你提升学习效率。

　　牛顿每次开始工作之前，都会给自己设定一个时间，比如当前的时间是4:00，而完成某件事计划需要1小时，他就会将闹钟设定到5:00，之后把闹钟放在自己看不见的地方开始工作。对于这个方法的好处，牛顿是这样解释的："我把闹钟放到自己看不见的地方，心里就会想，现在也不知道过了多久了，但是我必须要在闹钟响起之前完成所有工作，我要快点儿才行。于是，我就会加快工作的速度，不给自己任何拖拉的机会，因为我看不到时间，我只知道我要在闹钟响之前完成工作。"

　　对于高中生来说，把学习任务进行细分是提升学习效率简单可行的办法。

　　在完成某项任务的时候，把这项任务细分，规定每个小部分的完成时间。例如计划是复习1小时的英语语法，则可以事先想好大概几分钟看一页。假如看前一页的时候开小差超时了，后面就注意把效率再提高些。这种方法可以减少我们开小差的次数，提高注意力。

　　高效率是良好学习习惯的一种，在学习过程中养成这种良好的习惯，对我们提高学习质量、效果，对考试取得好成绩，都会产生积极的作用。让高效成为一种习惯，能够使我们的学习生活变得有条不紊。

020
重要事情排前面

　　时间管理的精髓在于区分事情的轻重缓急，并合理安排好每个时间段应做的事情。比如，每天思维最活跃的时间做最有挑战性和最有创意的工作，集中精力解决少数重要问题，而不是解决所有的问题，那么用20%的努力就可得到80%的效果。如果你能根据学习价值的不同，列一份详细的任务表，然后分清主次，永远都先做最重要的事，那么，你的学习效率就会得到惊人的提高。

状元经验谈| 我们的好方法

> 🔸 **张昊文**　　　　　　　福建省高考理科状元
>
> 　　你真正需要的是学会分辨"真的重要"和"显得重要"，以及"真的紧急"和"显得紧急"的任务。判断任务是否真的重要的标准很简单，就是看它是否对达到自己的目标（短期或长期）有益。判断任务是否紧急就没有那么容易了，因为我们总是认为任何事情都很紧急。实际上，真正紧急的任务少之又少。你可以尝试将某些自己认为非常紧急的事情拖延一段时间再处理，就会发现这些事情并没有想象中那么紧急。

刘峻豪　　　　四川省高考文科状元

我们一定都有过瞎忙的窘境，每天忙忙碌碌，埋头做题，连上厕所都觉得耽误时间，可是好像成效有限。我们都想有三头六臂，希望有能力同时做几件事。事实上，人做事能产生最大贡献的办法就是把自己的时间和精力一次只放在一件事情上，而且总是先做重要的事情。在一头栽进那些看似做不完的习题里之前，不妨好好想一想：这对我今天的学习有帮助吗？一旦能够做到重要的事情先做，久而久之，你就会发现，你攻克的知识难点变多了，花费的时间却变少了。找出真正重要、应该先做的事情以后，就要坚持专注在上面，因为任何问题一旦延后处理，实际上就等于不处理。

对于深陷"题海战术"的同学来说，做题是每日必修课，那么什么题重要要先做，什么题次要可以后做，什么题没用可以不做，做出什么样的选择就是在考验大家节省时间、提高效率的能力。做题贵精，而不在多，没有学习质量，做再多的题也没用。也就是说，要善于精选、精做，题后思考。

精选，是指在众多的习题册中选出最适合自己的一两本，细心做完。

精做，是指细心做完所选的练习册后，用心体会练习册内的知识体系，了解作者的侧重点以做参考。因为每一本书都是一套完整的知识体系，细心体会可以弥补我们所不曾了解的知识，完善知识结构。

题后思考的习惯，能够提高我们对知识的熟练程度，加深思维深度，增强思维的严密性。所谓题后思考，就是在每次做完一道题后，花一定的时间用于回顾刚才做题时的思考方式、思路的形式，以及思维为何在某处出现障碍，之后是如何解决的。刚开始的时候，我们思考的速度可能会很慢，但随着不断的重复，思考速度会不断加快。

"精选、精做、题后思考"的经验具体来说，需要同学们在做题过程中注意以下几方面问题。

（1）想一想，该题考查什么知识点？

（2）回忆一下，以前是否碰到过类似的题？

（3）此类题通常采用哪种方法？基本思路如何？思考如何寻找其突破点。

（4）反思推导过程是否合理，逻辑是否严密，所考虑的情况是否全面，等等。

（5）检查得到的结论是否合乎逻辑，与预期的结果相差大不大。

（6）总结此题是否有价值，有什么价值。将对自己日后有帮助的部分记牢，以便提高自己的反应速度和解题能力。

坚持每天先做最重要的事情，就能在繁杂的学习任务面前保持清醒的头脑，合理、高效地利用时间。

021

统筹安排，主次分明

　　对于重要的事情，我们一次只能专注于其中的一件；对于次要的事情，我们可以在同一时间内统筹安排完成其中的几件。这样做不仅不会降低做事效率，反而可以高效利用时间，省下不少时间。在分清事情的主次后，统筹安排、兼顾全局、合理优化程序，不失为合理利用时间的一个好办法。

状元经验谈 | 我们的好方法

> **李腾飞**　　　　　　山东省高考理科状元
>
> 　　统筹方法在我们的生活当中时刻都有运用，但是有很多人并不理解这就是所谓的统筹。统筹，说白了就是合理地运用时间，在一定时间内怎么利用其中的空闲同时完成几件事情从而不浪费时间的方法。简单地说，就是一种时间的合理应用。其实生活当中统筹方法我们每个人都有涉及，只在于运用是否得当而已。合理安排时间让我们的生活变得更充实。时间一去不返，要想完美地完成某些事情，我们就得争分夺秒！

👤 查韦婷　　　　　　　　　安徽省高考文科状元

高中学习过程中有许多并不着急但需要我们去做的事情，我们可以统筹安排时间去做，比如去书店买参考书、吃饭这两件事情，我们可以趁中午吃饭的时间去附近书店看书，而不必为了吃饭和买书这两件事分头再跑一趟。大家都知道华罗庚的时间统筹实验。浇水、择菜、学唐诗，很简单的事情，采用时间统筹的方法便可以节省许多时间，并且将事情做得有条不紊。他的实验告诉我们一个道理：时间统筹可以让你在最短的时间做最多的事，而且每件事都可以做得很出色。

👤 耿天毅　　　　　　　　　吉林省高考理科状元

我国著名数学家华罗庚在《统筹方法平话及补充》一书中，以浅显易懂的事例，介绍了一个很好的时间管理方法——程序优化法。他说，想泡壶茶喝，情况是开水没开；水壶、茶壶、茶杯没洗；有茶叶，火也生好了。怎么办？最优化的办法是：洗好水壶，灌上凉水，放在火上；在等待水开的时间里，洗好茶壶、茶杯，放好茶叶；等水开了泡茶喝。这里缩短时间、提高工作效率，关键是抓住烧开水这个环节，在等待水开的时间里，同时做了其他几件事。

👤 顾心怡　　　　　　　　　江苏省高考文科状元

我们平时可以在某项松散活动进行期间，同时开展另一项活动。例如，每天洗漱时，可以一边洗漱，一边播放英语录音带。据说，美国第35任总统肯尼迪，就喜欢每天早上刮胡子时播放莎士比亚的戏剧。再如，上学等车时，听一听英语课文的听力部分，以便让自己提前进入学习状态；在散步的时候，观察周围的事物，提高自己的作文水平；在闭目养神的时候，听一听英语磁带，在潜移默化中锻炼听力能力。

统筹安排法也叫程序优化法，用好这个方法可以为我们的学习节省下时间。具体来说，程序优化法的实施策略如下。

1. 并行做几件事，提高单位时间的效率

例如要上网浏览新闻、下载学习资料、回复电子信函，由于下载资料所用时间较长，于是，可以在执行下载任务时，回复信函、浏览新闻。当下载任务结束时，其他任务也完成了。

2. 简化步骤，缩短时间，提高效率

崔西定律指出：任何工作的难度与其执行步骤的数目平方成正比。比如：完成一件工作有3个执行步骤，则此工作的难度是9；完成一件工作有5个执行步骤，则难度是25。简化工作流程，就意味着节省时间。

3. 预定日程，不打乱仗

预定日程，是程序优化的一种重要方式。中国工程院张履谦院士虽已年逾古稀，仍参与我国多种应用卫星、载人飞船、月球探测和空间测控等方面的研究，事务繁多。他管理时间的办法是预定日程，常常几个星期的日程，已经安排得满满的。

学习时我们最常听到的话是"一心不能二用"，其实如果程序优化得好，"一心二用"可以为我们争取到不少的宝贵时间。

022
做好笔记有诀窍

我们不仅要养成上课有课堂笔记、读书有阅读笔记、做题有错题笔记和难题笔记的学习习惯，还要懂得如何整理笔记、使用笔记。这些看似简单的事情里面，有很多的技巧需要掌握。

状元经验谈I 我们的好方法

李强	陕西省高考理科状元

笔记是对所学知识的浓缩和提炼，记好笔记是巩固课堂内容、提高学习效率的有效方法。同时，笔记也是对整个教材的总结，是我们的信息库和资料库，为我们的复习提供了丰富的参考资料。做阅读笔记是文科学习最常用的方法之一，但做阅读笔记也有不同的方法，常见的有摘录法、提要法、心得法、索引法，大家可以根据自己的情况灵活应用。做错题笔记和难题笔记是理科生提分最常用的笔记方法。同学们根据自己的情况记好笔记，能方便自己的学习。

👤 **胡瑞英**　　　　　内蒙古自治区高考文科状元

　　做笔记当然也是要讲方法的，如果把做笔记当成是有待完成的任务或者仅仅为了满足虚荣心而纸上谈兵，那么大可不必浪费宝贵的课堂时间。首先，笔记本是必不可少的。最好给每一门课程准备一个单独的笔记本，不要在一个本子里同时记几门课的笔记，这样会很混乱。其次，笔记是给自己来看的，一个"聪明"的"聪"字解决一切问题，耳、眼、口、脑并用，切记要把你自己认为的重点、对你自己有用的亮点及时地记录下来。记笔记的版面也很重要，也许在课堂上快速做笔记记得并不美观，但要分好版面，段落要清晰。另外，建议在每页笔记的右侧留一些地方，用来写自己学习时的心得感悟，这样更有助于记忆知识点。

　　很多笔记是上课时记的，由于时间紧，难免会给人杂乱无章之感，所以要学会科学整理笔记的方法。

　　我们将同类知识抄在同一个本子上，或一个本子的同一部分里了。这样，日后复习使用就方便了，按需所取，纲目清晰，快捷好用。

　　另外，做笔记时需要注意以下几点：

　　（1）保证提前预习功课，做到心中有数。

　　（2）不要满黑板全抄，这是最愚蠢的学习方法，与其这样，还不如只听不写。

　　（3）没有记下的，索性不记，先认真听讲，下课后再向老师或者同学借来抄。

　　（4）下课后最好把笔记简单地回顾、检查一下，保证没有遗漏。

　　（5）课后及时温习、检查笔记。课堂笔记需要及时回顾、检查，补上漏记的知识点。对于课堂笔记漏记的知识点，最好凭自己的记忆来记，实在回忆不起来，可以向同学请教。

　　（6）温习笔记的周期。每天做作业前温习笔记，加深对知识点的理解；每周定期翻阅笔记，把瞬间忘记转化为长期记忆；闲来无事时翻阅笔记，串联知识点，加深理解、增强记忆；考试前温习笔记，再让知识点回归课本，将知识点简单化，增加自信心。

023
重视平时的考试及试卷

进入高中，特别是高三学年，会有许多考试，同学们应该充分重视并好好利用这些试卷。不要去应付或是轻视它们，那样只会是白白浪费时间。平时的考试不仅能考验你做题的效率、知识掌握的程度，还能让你发现自己的知识弱项，也可以让你从中得到锻炼，比如聚精会神、一丝不苟的品质，临危不乱、处变不惊的心态。平时的那些试卷，会让你"见多识广"。

状元经验谈 | 我们的好方法

 张一番　　　　　　　　甘肃省高考文科状元

　　一次次的考试让我学会认真和仔细分析试卷。换言之，就是要确保在每次考试时拿到所有应该得到的分数。考场如战场，一不留神，就会痛失消灭敌人的良机，失去本应拿到的分数，留下遗憾。为了不让这种遗憾在高考中发生，就必须从平时的每一次考试做起，养成认真、仔细对待试卷的好习惯。

李虹洁　　　　　　　　海南省高考文科状元

　　考场正如残酷的战场，你稍不留神，就可能会碰到前无去路、后有追兵的情况。如果你慌乱不定，就有可能一败涂地。因此，良好心态的培养，就显得尤为重要了。心态的好坏，会在很大程度上影响你的考试成绩，甚至决定你考试的成败。总之，要想在考试中临危不乱、镇定自若，需要平时的锻炼和总结。我把每次的小测验都严肃地看成是高考，认真对待，我的心态由此得到了很好的锻炼。有的同学不把平时的考试当回事，总觉得高考时认真做题就好，可是正是由于平时没有锻炼好心态，没有培养好考试习惯，到高考时，才会手足无措、漏洞百出，不能坦然应对。

柯曦　　　　　　　　　湖北省高考理科状元

　　每次考完试，不要只关注分数和名次。其实，从中发现错漏、不足才是最关键的。不要放过每一处错误，把它们彻底搞懂、弄通，发现并及时弥补知识的漏洞，然后制订新的计划和目标。如果你能日复一日、年复一年地坚持下来，相信你会"百考成钢"，对考试应付自如的。

　　高中老师肯定会在考前让学生做大量的模拟试卷或往年真题。要知道这些试卷都是学校乃至地区教研室精心编制的。看看各地考前的试卷，就能大致了解当地的教学水平了。因此，把做过的试卷扔在一边，"打入冷宫"，是不合适的，应该充分利用。要利用，就要对试卷进行分类整理，而后重点分析。只有将信息有序化了，使用时才能信手拈来。

　　那么，如何高效地利用试卷呢？具体有以下几种方法。

　　一是将自己做过的试卷分学科编辑成册，编上序号，以便查找。例如，可以将试卷与教科书中的知识点联系起来：

（1）把试卷依照教科书中知识内容的顺序整理好，并编上序号。

（2）在试卷的开始处，写上一段"导语"。"导语"的作用有两个，一是说明此试卷考什么，二是列出与考试有关的知识要点。知识要点不必写得很详细，甚至可以只给出一个出处。

（3）在试卷结尾处，写上一段"小结"，总结自己的考试情况，写出自己在知识上的缺陷。

二是把老师的讲解记录在试卷上。比如有的题做错了，就把正确答案记在边上。有的题做对了，但还有其他解题方法，也可记在旁边。

三是每隔一段时间或是模拟考试前，将几大本试卷拿出来，浏览一遍，重点去看有记录、有记号的地方。例如，高效利用语文试卷：考前一两天，拿出你最近考过的10套、20套语文试卷，一份一份从头到尾地看，从题目到答案都看，重要的地方要仔细看（比如出现率高的字音、成语题目等）。不重要的地方也要看，看出感觉来才好（比如不可能雷同的科技文、文言文、现代文阅读和作文题等）。

这样，就能使每一张试卷都发挥最大的效用。同学们真正消化理解了平时试卷上的题目，才能在高考中取得好成绩。

024
做题也要**讲方法**

　　我在前面"重要事情排前面"一节，讲述过在书山题海中如何选择试题。因为同学们在学习中，见到的参考书、试题集很多，即使一刻不停地做题也不可能做完。而在选择好试题后，就要落到实处，那就一个字——做。做题也有讲究，那就是在做的过程中进行总结。

状元经验谈 | 我们的好方法

> ### 董吉洋
> 安徽省高考理科状元
>
> 　　我高中的物理老师说过："不要眼高手低。"这句话我牢牢记在心里。所谓眼高手低，指的是有些同学拿到题目，先看看自己会不会做，若感觉会做，则看下一道题，而不去亲自操作一番。实际上高考很多题目中都有小陷阱，不去亲自做一做，便难以发现里面的小陷阱，结果考试时自然会出错。我始终坚持拿到一道题就一定做一遍，决不轻易放过去。

施丹旖   浙江省高考理科状元

在仔细分析了几年来的高考题之后，我发觉其中根本就没有什么偏题、怪题。有的同学抱着一种侥幸的心理：我练习一下怪题或偏题，要是高考时出一道这样的题型，别人都不会而我却能做出来，那我不就占优势了吗？

在这种侥幸心理的驱使下，有的同学舍本逐末，丢掉了课本中的基础知识而将大量时间浪费在超纲的题目或是解题技巧十分复杂的题目上，自己的思路总是求新求异，长此以往，就会误入"钻牛角尖"的歧途。

有的同学总喜欢去钻难题、偏题、怪题，认为把这些题攻下了，其他的题就会迎刃而解。事实上，只有通过做一定数量的基础题，熟悉了定义、定理、公式，掌握了解题的基本方法和技巧，才能做好难题。

施丹旖   浙江省高考文科状元

理解一个概念、练习一道题目，不从一个正常的角度入手，而是从比较奇怪的角度入手，在实际的考试中可能可以解开一两道解题方法特殊的题目，却很容易在普通题上丢分；另一方面的影响是会让我们丧失信心。怪题和偏题都是不容易解答的，久而久之，就会使自己觉得所有的题都解答不了，让自己觉得考大学没希望了。我们不要轻易地放弃练习题中的难题，但是也不要在难题上"钻牛角尖"，更不要在偏题、怪题上浪费时间。当你在一道刁钻古怪的习题上用了一个多小时而毫无收获时，你应该明白，又一个小时被浪费掉了。

面对精选过的习题，同学们也进行了大量的练习，然而效果未必很好。有时一道题明明以前做过，却忘得一干二净，又做一遍，等于白白浪费了时间。

怎样才能让每一道题都发挥作用呢？有位状元独创了"符号复习法"，总结的经验如下。

首先，将题目分类。若是一般性的，自己也没做错的题目，将它们放在一边；自己做对了，但题目设计得很好，打个"○"；由于题目的小陷阱，或是思路有误做错的题目，打个"△"；自己几乎没有什么思路，感到一筹莫展的题目，打个"☆"。这样将题目分类以后，再复习时就十分方便了。

其次，对于画"☆"的题目，一定要反复研究，仔细推敲它们的解题方法和技巧，宁慢勿快，把问题弄懂，做到再遇上同类题目时能够较快有正确的思路和方法；对于画"△"的题目，当时弄懂了以后，隔一段时间再复习一次，下一次做同类题时，提醒自己不再犯同样的错误。

最后，在冲刺复习阶段，浏览试题中画"△"和画"☆"的，如果同样类型的题多次被画上符号，则一定要引起重视，必须好好研究一下这类试题。

这种对不同的题给予不同符号标记的方法，让我们学习起来，并给予相应的效率更高，收获更大。

面对不会的题，如果我们马上去翻看答案，可能会觉得它们十分简单，但以后再碰到此类题目却依然不会做。那么面对难题，应该怎么来解题呢？

（1）尽力在大脑中搜索以前是否做过类似的题，哪怕是有一点点类似的题都应抓住，这也许就是解答此难题的突破口。

（2）实在答不出来，就索性放在一边，先做别的事，过一段时间回过头来看，也许思路就打开了。

（3）还想不出来，只好看答案或解题过程的最初一两步。一有启发，就不要往下看了，自己边思考边做。

在做练习题的时候，如果你遇到了困难，千万不要提前看答案，否则就是在白白浪费时间。要多思多想，让那道题的关键步骤进入你的解题思维中。

025

善用错题本，避免时间错用

　　错题本是学生把做过的高考真题、模拟题及其他习题中的错题整理成册，发现薄弱环节，继而进行有针对性的训练，来提升学习成绩的辅助手段。简单来讲，错题本的作用就是让学生对自己曾经做错的题再去练习，将它们各个击破，如果再遇到同类型的题不再解答错误，在考试中拿高分。有了错题本，同学们就能知道自己的薄弱环节，能有针对性地学习，就可以节省许多时间，避免将时间错用在已经掌握的知识点上。

状元经验谈| 我们的好方法

赵浩宇	云南省高考文科状元

　　以前，我常常有这样的经历：做完一本练习册后，总觉得里面有的题自己还没有掌握，但又不记得是什么题。犹豫很久之后，只能再从头做，结果进行了大量的重复劳动，效果也不明显。后来我把第一次做错的或不会的题记下来，整理到一个本子上，以后复习时只看本子上的题。这为我不仅节省了大量的时间，还让复习更有针对性。

施丹旖　　　　　　浙江省高考文科状元

　　错题本是对我们自身学习盲点的系统汇总。当把错误汇总在一起的时候，我们就很容易看出其中存在的问题。错题本能改变同学认识错误的态度。错误是宝贝，因为错误才能使自己知道自己的不足，我们不能因为错题少或错误的原因简单而忽视它。一个错误实际上就是一个知识盲点。如果我们对待错误的态度不积极，或者缺乏理想的解决错误方式，错误就会在任何可能的时候发生，而且会重复发生。因此，一定要"善待""严待"错误。

李翔　　　　　　重庆市高考文科状元

　　自从建立了错题本后，我感觉自己的学习效率与成绩得到了很大的提高。我的做法很简单，就是每周日用3个小时左右的时间把各科复习中遇到的有价值的题目分门别类地放到错题本中。我所谓有价值的题目包括两种：一种是错得有价值，一种是题型新颖、解法巧而不常规。错得有价值是指这种错误暴露了知识上的漏洞或思维上的偏差，错题本上面全是对我有价值的题目，比任何一本参考书都有用。

　　随着错题本上内容的逐渐充实，你会发现命题方式变化有限。命题者把题命成哪种方式是为考你什么，哪些地方易设陷阱，自己又曾在什么地方人仰马翻，这些问题我们能通过看错题本，做到了然于心。知己知彼（命题者），方能百战不殆，把高考变成有惊无险的游戏。

　　所以，在平时做错题时我常常暗喜自己又找出一处隐患。平时错得越多，消除的隐患越多，高考的胜算就越大。

　　建立错题本能够使我们提高学习效率、提升学习质量、夯实学习基础、创造优秀成绩。而很多同学对错题本的理解有误，没有给予足够的重视。错题本上不一定只是错题，它还应该包括"容易出错题""难点题""典型题"等，应该是对知识的梳理，是重点尤其是难点题、精点题的集合，是在系统学习的基础上，对重点知识的解析。它能帮助我们突出学习重点，使复习更具针对性，让我们的学习效率更高。

避免错误重现最好的办法莫过于把错题记下，从中吸取教训。做错题笔记包括3个方面。

（1）记下错题是什么，最好用红笔画出。

（2）分析错误是在哪一环节发生的，为什么会出现这一错误。

（3）根据错误原因写出纠正方法，并提醒自己下次碰到类似情况应注意些什么。

明确了错题本的作用和好处，相信很多同学都会有立刻建立自己的"错误小档案"的冲动了。那么建立好了错题本，又该如何加以利用呢？让我们听听状元们是怎么说的。

（1）经常阅读。做题时之所以出错，大多是因为知识点掌握得不扎实，所以要经常与错误"见面"。

（2）相互交流。同学间交换错题本，互相借鉴，互有启发，在别人的错题中淘"金"，以便共同提高。

（3）拓展功能。建议增添错题本的功能，让"错"变得非常清晰，如标出"概念错误""思路错误""理解错误""审题错误"等错误原因，标出"错误知识点"，写出答题的方法和技巧等。

（4）错题本的使用贵在坚持，只有持之以恒，才能有效果。

（5）用索引的方式标记，便于查找。所谓错题索引法就是第一遍做题时在做错的题目上做上醒目的标记，并在页首标明有哪几道题做错。日后复习时就重点关注这些题，掌握了以后就划去标记。一遍遍复习下来，记号就越来越少。这种方法既为我们节省了时间，又可以及时清除老题，还能增强我们的自信心。

026
集中时间提问题

　　不少老师都鼓励学生多提问题，他们也不厌其烦地为学生认真解答问题，但同学们也要学会既解决问题，又节省双方时间的方法。集中时间问清某个问题，或者把很多问题集中起来问，都是高效解决问题的方法，可以避免因一次又一次找老师而耽误学习时间。

 状元经验谈 | 我们的好方法

> 🧑 **刘丁宁**　　　　　　　　　　辽宁省高考文科状元
>
> 　　向老师请教是学习的好方法，但在这里不提倡的是不经思考、有题就问的做法。有的人遇到做错的题直接就拿去找老师。其实有些问题只要自己查过书，再经过思考就可以得出正确的结论。这样不仅可以锻炼我们的思维能力，帮助我们掌握解题技巧，还会使我们的学习达到事半功倍的效果。不经大脑、拿题就问的做法时间长了就会让我们产生惰性，不仅花了时间，收到的效果也不显著。

周晨   浙江省高考理科状元

问题得到解答后，并不是就万事大吉了。我一定要将问题的答案记清。这点至关重要。因为迷惑或犯错之处正是我们知识掌握得不牢之处，暴露出来是件好事。我们将它记住了，不再犯错，就是查漏补缺，是提高成绩的有效方法。建立专门的问题本是个好方法，我们要及时记录并时常翻看，把弱项变成强项。

靳雯琪
新疆维吾尔自治区高考文科状元

当遇到疑难问题时，我并不是急于跑去问老师。相反，我喜欢自己先动脑想一想，反复思考了仍不得其解，我才把多个问题集中起来与同学讨论或向老师请教。这样，不但使疑难问题留下的印象更为深刻，而且使我的脑子越来越灵活。因为这样做更便于我们找出思考过程中忽视的地方和失误的原因，使我们想问题更科学、更全面。

张泽
安徽省高考理科状元

有不懂的问题时，最好集中问。这时便凸显出杂记本的重要。杂记本上的问题积攒到一定数，我们就可以跑趟老师办公室了。"递条子"是问问题的好办法。它指的是把问题列在纸上交给老师。第一，老师可以清楚地看到问题，并留有思考的余地；第二，通过问题，老师可以指出我们学习上存在的某些症结；第三，节省了双方的时间。

提问题是解决难点的捷径，但在做题时，我们更提倡多独立思考。因为题目本身的答案对我们来说并不是最重要的，最重要的应当是怎样思考，怎样找线索，怎样避免计算中的疏漏，等等。一句话，就是尽可能通过独立思考，寻找解题规律，培养科学思维的方法，这样做出一道题的效果远比问后得到一个答案的效果好得多。当然少问不等于不问。遇到疑难问题，我们不能放过它。

通过提问题，不仅可以提升我们的解题能力，更重要的是，还可以让我们掌握一些解题技巧和方法。我们可以将问题本和错题本合二为一，因为不明白的问题和错题属于同一性质，都是自己在某些方面的薄弱环节。这样不仅减少了一个笔记本，从某种程度上来说，也间接地提高了学习效率。如果提问题没有记录，或得到答案后就将本子扔到一边，下次遇到类似问题依然不明白；问问题时只看结果，不记过程……这都与没问没什么区别。

下面就来介绍一下问问题应该坚持的几个原则。

（1）问之前一定要经过深思熟虑，自己确实难以解决再去问，而不是见疑就问。自己不主动深入思考，不但不会提高自己的学习能力，反而会影响自主学习的能力。

（2）要问到点子上。针对自己的疑难点发问，真正明白自己什么地方不懂。

（3）不要问偏题、怪题。例如"为什么平面斜截圆柱体会得到椭圆"，除了做过特别研究的人之外，即使是老师，也很难回答这个问题。因此，所提问题一定要在我们平时学习的范围内，不要钻牛角尖。

记住，遇到问题后自己先想一想，不经过自己的独立思考，盲目发问，就无法让我们对问题有深入的认识，最后只是得到一个答案而已；已经问过多次的问题，再遇到时还是不会，是因为没有对问题进行总结和反思，从而形成这次不会、下次还不会的恶性循环局面。盲目发问只能是浪费时间，集中时间问问题能节省不少时间。

027
课本内容是**学习的根本**

　　利用课本来学习，是最根本的学习方法。"万变不离其宗"，千变万化的试题只是命题角度的变化，它们不会脱离《考试大纲》，不会脱离课本的知识点。如果你翻阅一下往年的高考试题，便不难发现，高考题目历来都以基础知识为重点，真正用来区分成绩档次的题目只占到30%左右。因此，同学们在复习时要多花一些时间在课本知识上。

状元经验谈| 我们的好方法

> 👤 **李榕榕**　　　　　　　　河北省高考理科状元
>
> 　　刚开始同学们看到我的课本，还以为我在破坏它。拿起来仔细一看，上面全是我学习的心得体会、重点标记，乱是乱了点儿，可效果还是比较好的。老师总说，课本非常重要，大家要善待它！让课本变得乱七八糟，就是我善待课本的方式。课下的时候，我很喜欢翻课本，书上的知识点太多了，稍不留神就会错过，所以，只要是觉得有用的地方，我就用不同颜色的笔标记出来，突出这部分的重要性。时间久了，我的课本就变成了"大花脸"。我的方法是有点儿另类，但有用就好。

黄佳琰 　　　　　　　　　　江苏省高考理科状元

　　很多同学都知道课本的重要性，但一将课本拿到手里，一页页厚厚一沓，就有无从下手的感觉。其实，阅读课本是有讲究的。如何证明我们再翻课本的时候有收获？最好的证明就是：每读一遍，都有新的收获。上课的时候跟着老师学，这是把课本从厚读到薄的过程。所以，课堂上紧跟老师的思路很关键，不然同学们自己再读的时候就会感觉杂乱无章。课下，自己读课本，这是把课本从薄读到厚的过程。根据课堂上老师讲的，以及自己的笔记、课外书等，只保留课本内容的大体框架和重点、难点，把自己的理解或者新的知识点补充进去。做到这一步，肯定能比其他同学理解得好。复习的时候，是对课本的第三次理解，在巩固的基础上，同学们肯定能发现很多新鲜有趣的东西，以及新问题。这些问题我们要及时解决，可以问老师或跟同学讨论。

张翔雁 　　　　　　　　　　福建省高考文科状元

　　小时候的我是被老师特别"关照"的学生，因为上课总不老实，在下面弄出各种声音，所以受到老师的特别"照顾"。而且我有个奇怪的毛病，就是每次做题我只能做出一半，老师说也不知道我到底是会做还是不会做。针对我这个奇特的毛病，老师和妈妈商量后，给我提出建议，让我在学习之前，先看看甚至是大声朗读一遍课本前的目录。从那之后，我好像开窍了，对知识理解得很到位，做题也没有问题了。这个习惯我保持至今，尤其在临考复习时，我都习惯照着目录复习。这个方法对我的学习很有帮助。

　　从以上几位状元的学习经验中可以看出，教材是学习的根本，只有把课本读透，把学习根基建牢固，考前冲刺才有劲儿。那么，我们怎样才能利用好课本资源呢？在此，具体给同学们介绍几种方法。

1. 忆

忆就是翻开课本目录，看看自己是否能够依照它记忆各课里面的知识内容，回忆起其中的概念、性质、法则、公式、数量关系和解题方法等。在忆的过程中，可以边忆边把知识要点记在草稿纸上，以加深印象。忆不起有关内容时，可以翻开课本查看。

2. 说

说就是在独立回顾、记忆一会儿后，几人一组，共同述说各个章节的基础知识、重点内容，以及知识间的联系与区别等，以此起到相互启发、相互补充、相互完善的作用。讲的人对相关知识印象深刻，听的人等于又重温了一遍。

3. 写

可先默写目录内容，看看自己是否记住了教材的主要内容。再用书面形式整理知识梗概，辨析易混知识，叙述学习的方法和体会。注意，写时不一定是机械地默写目录上的几个标题，可以加上自己的归纳和创造，基本内容不错、不漏即可。

教材可以说是我们高中学习的主线，也是知识的脉络，更是学习的基础。教材本来就是针对高中生学习、理解、接纳知识的规律编撰的，汇集了教研人员的心血。所以，教材就是我们学习的主要内容。正如有的状元所说：对于课本的学习，是总结、归纳、扩展，有一个"厚—薄—厚"的渐进过程。

028
参考书在精不在多

高考复习的参考书实在太多了，它们良莠不齐，因此选择好的参考书非常重要。一本好的参考书，应该系统、全面，难度适中；由于是应考书，还有很重要的一点就是对高考的考点要把握准确。

状元经验谈 | 我们的好方法

> 👤 **曹林菁** 河南省高考理科状元
>
> 打仗需要武器，应考的学生需要书。鼓起斗志的高三同学迫不及待地冲向书店，搬回一摞一摞的参考书，决心把它们全部做完。而凭冲动买下的书，未必真的有用；太多了也不一定能做完，做不完放在那里，又会给自己造成心理压力。后来，我不再跟随同学狂做参考书上的题目，而是把主要精力放在老师讲过的题目上。因为我觉得对题目的思考才是最重要的。我不断琢磨老师的解题方法，自己再找少量的题来做，学习逐渐变得轻松起来，而一次次的考试也证明了我的学习方法是有效的。

> 👤 **龚泽惠**　　　　　江西省高考理科状元
>
> 　　参考书不在多，而在精。很多同学每科都准备好几本参考书，每天过得忙碌而紧张。其实，我觉得完全不必这样。陷入大量的参考书中，只会让自己的学习处于无序和紊乱的状态，再加上很多参考书中的内容都雷同，看得再多也只是浪费时间和精力而已。所以，我们与其扎进参考书中，还不如只精选一两本参考书，踏踏实实地做完里面的题目。

> 👤 **张士欣**　　　　　河北省高考理科状元
>
> 　　好的参考书后，可以使你的知识系统化，脉络清晰，不遗漏知识点，而书中所选的例题、解题方法都很经典，可以让你在做题时举一反三。直接的效果就是解题能力显著提高。而一般的参考书可能存在知识点过于概括，内容太泛，或题型稍偏等这样那样的缺点。有时候，读完一本参考书后，觉得收获寥寥；或看到新鲜题型，费九牛二虎之力去掌握，最终却发现根本没有学习的必要。高三学习非常紧张，我们只能把注意力更多地集中在与考试有关的问题上，这是很实际的问题。

> 👤 **丁洁**　　　　　安徽省高考文科状元
>
> 　　一本书里真正有价值的题目并不多，我们做的大多数题都是在浪费时间。题是做不完的，备战高考，需要的不是狂做大量的题目，而是参考其中的一些题目，掌握它们典型的解题方法。

　　我们做题是为了厘清解题思路，加强解题能力，加快答题速度。而这些目的只有在做适量题时才能达到，做题过多，反而会把自己的解题思路搞乱。所以参考书在精不在多。

下面我们来介绍一下如何选好一本参考书。

（1）选择权威出版社出版的图书。

（2）内容最好包括典型案例解析，以便帮助同学们寻找解题切入点。

（3）要挑针对性比较强的参考书，是需要知识点归纳方面的还是典型习题方面的，是要例题多的还是练习多的。比如，你做数学应用题较吃力，就挑应用题特训的书；英语口语不好，就挑专门练习口语的书。不要选各种题型凑在一起的练习册。

（4）选择奥数辅导书，答案要越详细越好。

（5）不要盲目地选择题量很大的书，要注重题的质量。

（6）参考书上最好有一些总结性的语言。

（7）排版清晰，字体较大，段落间距较宽，可以保护眼睛。

老师选择的作为复习资料的书，质量都不错，应作为精读的重点。同学们拿到一本参考书的时候，可以先看一下"内容提要"或者"前言"部分，了解书的大致轮廓，比较一下，看自己对哪一本感兴趣，或者自己在哪一方面欠缺，再相应地选择，加以购买。但是无论如何，参考书内容的设置一定要以教材为中心，所有的知识一定要是为教材服务的，如果脱离教材，时间一长，弊端就出来了。对前面学过的知识没有好好理解，没有消化吸收，参考书又脱离课本，学了后面的知识忘了前面的再正常不过了，到要用的时候才发现，又要从头开始学了。这样不只是浪费我们的时间，关键是基础知识学得不扎实，会对同学们以后的学习产生很大的阻碍。

029
正确利用**备考资料**

同学们有了好的备考资料，如果不好好利用，或没有正确利用，那备考资料的价值就体现不出来。备考资料有两个可供参考的地方：一是近三年的高考真题；二是当年的名校模拟题和地市级高三质检题。这些是我们学习过程中不可忽视的内容。

状元经验谈I 我们的好方法

 董小华 　　　　　　　　内蒙古自治区高考文科状元

只要你弄懂了题解中列出的变化，就足够应付高考了。有空的时候，你就把本子拿出来看看、想想，及时记忆，看完一段，再去挑选一些精编的题目做。这样，慢慢就觉得做题时的思路理顺了；思路顺了，解题速度、解题能力自然就提高了。

莫凡人　　　　　　广西壮族自治区高考理科状元

　　如今，关于辅导学生学习的书籍可谓堆积如山，各种习题集、练习题汇编等应有尽有。但我们究竟应选择什么样的课外辅导书呢？就数学这一科来说，选择"题解"类辅导书对我们很有帮助。我学习数学的秘诀就是：紧紧抓住例题不放。参考书中的例题，都是通过筛选的，在解题的思路和方法上具有典型性和代表性，它们的解题方法和结论本身都具有广泛迁移的可能性。因此，重视典型例题的研究，用好、用活例题，就成了我学习数学时的秘密武器。

　　在学习例题时，很多同学往往认为例题简单就一带而过，或是机械地记忆解题过程。这样，不但不能充分发挥例题的作用，而且妨碍了同学们解题能力和思维能力的提高。因此，同学们要特别重视学习例题的方法。

　　事实上，阅读一本参考书，就是在听讲，是听编书的那位老师在给你讲课。我们在购买参考书的时候，应尽量挑选能立即看到答案的那类。否则，一旦做完题，却不能立即看到答案，就会让我们失去学习的兴趣。但我们还要注意这样三点：不要扶着答案走路；不要盲目迷信答案；不要先看答案后做题。

　　为什么要提出这样的要求呢？原因很简单。

　　（1）如果我们长期扶着答案走路，那么，就会严重影响我们的学习自信心。这样的做题方式成为习惯的后，我们就不可能静下心来冷静地思考问题了。由于做题的思路在翻答案的过程中会被一次次打断，所以不利于我们的思考。

　　（2）盲目迷信答案，不利于我们独立思考能力的形成。如果我们盲目迷信答案，就可能会使我们的思维局限于答案，放不开思路，影响我们的思考力。相反，如果我们对答案能够有一个理性的认知，不唯答案是举，就能在自己深入思考的过程中，学到更多有意义的东西。

（3）先看答案后做题。这种做题的方法其实是本末倒置。做习题是考察我们对知识的掌握程度，锻炼我们的解题思路和提炼信息、组合信息、解答问题的能力，如果我们只是重结果而轻过程，那么也就达不到培养各项能力的目的了。

所以，我们应多看题解。题解中有时会列出一些比较难的题目，我们可以通过对这些题目的了解和接触，积累解答这类题目的经验。有人说学数学不需要记忆，这是不对的。有时候题解书上会列出一些很关键、很基本的公式和数字，不妨硬记一下，这对提高我们的解题速度是大有裨益的。

多看题解的一个好处，是它把一种类型的题目归列在一起，然后给出不同的解答方案。那我们该怎么去看题解呢？具体要注意以下几点。

（1）这类型的题目一共有几种解法？
（2）哪种解法最省时间？
（3）在缺少什么解题条件的时候最适宜采用哪种解法。
（4）要求证什么，解答什么样的结论时一般采用哪种解题方法。

只要从这4个方面去看参考书，便会得到很多启发。另外，每当看完一章内容的时候，就静心想一想，归纳出那些值得注意的要点，然后把它们集中记在一个本子上。聪明人都是善于利用他人经验的，多看例题和题解，正是利用他人解题经验的途径之一。

030

精简复述胜过死记硬背

　　记忆知识是以理解为前提的。深入理解知识有助于我们对它们进行记忆，所以我们提倡理解性记忆。我们并不反对背诵，而是反对死记硬背。那种只知记忆、背诵的学生，可能记住了许多东西，可是当需要他在记忆里查寻出一条基本原理的时候，他脑子里的东西都乱成一团，以致他在一项很基本的智力作业面前束手无策。学生如果不会挑选最必要的东西去记忆，他也就不会思考。在理解知识的基础上，对知识进行梳理，精简出主要内容和脉络，再用自己的话语概括、复述出来，这样比死记硬背省时省力。

状元经验谈 | 我们的好方法

👤 王佳楠	黑龙江省高考理科状元

　　我记忆的一大法宝：尽量少记，只记最需要记的东西。比如说，8位数的电话号码，肯定比11位数的手机号码好记。但不少同学似乎忘记了这个最浅显的道理，什么都想记，自然什么也记不住。因此，当你发现自己记不住东西时，第一反应应该是：记得太多了，先得把要记的东西简化。

许晓佳　　宁夏回族自治区高考文科状元

在英语学习过程中，读、听、说、写这四者应该是相互联系的，而不是相互隔绝的。问题是：如何打通这四者之间的联系？在实践中我发现，复述是一个好办法。为了说好，必须先读好，必须要真正读进去（许多同学总是说"看不进去"）。读进去后经过大脑的整理、消化，方可复述出来。如此，读与说就紧密地联系起来。而一位同学说时，其他同学均在听，于是，说与听之间，又有了联系。说的时候，其他同学可以进行笔录。复述者本人，也可以先把要说的话写下来。如此，说与写之间，也有了联系。而单纯背诵，是很难达到上述效果的。从这种意义上才说，复述比背诵好。

刘艺峰　　山西省高考文科状元

在一般人想来，学英语要么是读，要么是背，其实还有一个介于两者之间的复述。复述既便于读的深入，又克服了背的弊端，能更好地提高我们的学习效率。复述并不是让我们机械地进行重复，复述时，可以变换人称、时态等，也可以进行缩述和扩述。既要基本符合原意，又不要机械背诵。

罗诗语　　重庆市高考文科状元

我文科背诵的秘诀是给知识"减肥"，实际上就是对记忆对象的一种概括。正是概括的过程，给了我再次学习的机会。概括的过程是一个思考的过程，认识到什么是重要的知识点，什么是次要的知识点；也是一个提高的过程。因此，概括不仅仅是为了便于我们记忆，也是一种提高效率的学习方法。

精简复述，首先要把知识精简，然后再复述。根据状元们的经验，本书总结了几种知识精简法。

1. 提纲网络法 ✎

我们学的知识大多是零散的，不便于记忆。要是找出知识之间的内在联系，把它们条理化，像用线把珍珠穿起来一样，就好记多了。知识之间的联系是各种各样的，不仅有纵的联系，也有横的联系。因此在记忆的时候，不仅要善于穿珠，还要善于把知识织成网。

2. 主干记忆法 ✎

读一本书或学一篇文章，都要先把握住重点，把重点记住。重点可以作为记忆的"主干"，然后再在这些主干上添加次要事件等枝叶。在学习文、理科时，均可利用此法。

3. 浓缩记忆法 ✎

考试前，不少同学都懂得把重点"过"一遍。但是，如果逐字逐句地去"过"，效率太低，费时太多。为此，就有人创立了浓缩记忆法。所谓浓缩记忆法，就是把要"过"的内容高度浓缩，看见一个字、一个词，便可迅速回忆起全部内容，从而大大提高效率，节省时间。例如，复习中国古代史的井田制，可将内容浓缩为："国王所有，诸侯享有，奴隶耕作，形似'井'字。"或者进一步浓缩为："王有、侯用、奴耕、井形。"这样记忆的好处是在需要回忆这段内容时，只要在每段话上"添枝加叶"就可以了。

感到要记的东西太多怎么也记不住的同学，可以试试上面介绍的几种"减肥法"，既能节省时间，又能达到记忆的目的。

复述知识的具体操作方面，应该注意以下几点。

一是复述的内容，应以课本内容为主。较短的课文，可以看完后试着复述全文。较长的课文，可以看完一段后复述一段。

二是复述的方式应是多种多样的。以英语学习为例，以下几种从状元们的学习实践中总结出来的方法，可供参考。

（1）借助启发性词语复述。用课文每句的句首词，或谓语动词，或每段的重点词语和特殊句式进行提示，边看边想边复述，用词串句，用句串段，由段及篇，层层扩展。这种复述方法是最容易的。

（2）根据问答题复述。根据课后的问答题来引导复述。这种复述方法也比较简单。

（3）回译性复述。先把课文译成汉语，看完汉语后用英语复述。这种复述方法比前两种都难。

（4）听录音复述。放课文录音，听一段，复述一段，最后进行课文复述。这样既训练了听力，又培养了复述能力，一举两得。但这种复述方法是最难的一种。

上述英语知识的复述技巧也同样适用于其他学科的复述学习，希望同学们能够举一反三。

第4章

合理分配：
巧妙利用零碎时间

　　许多同学往往认为那些零碎的时间没什么用处，几分、几秒的时间，看起来微不足道，如果汇集在一起就大有可为。重庆市高考文科状元刘楠枫同学喜欢随身携带一个小本子，里面总结了文综的相关材料，如答题套路、提纲等，随时补充，时不时拿出来翻看一遍，这样不仅能利用好零碎的时间，还能有效提高学习效率。同学们，在日常学习中，你是如何利用零碎时间的呢？

031
不浪费1分钟的时间

　　时间往往不是一小时一小时浪费的，而是一分钟一分钟悄悄溜走的。富兰克林有句名言："时间是构成生命的材料。"谁了解生命的重要，谁就能真正懂得时间的价值。我们宝贵的生命也是由一分一秒累加起来的，不能利用好每一分钟，就是在浪费生命。浪费的时间是永远无法找回的。

状元经验谈I 我们的好方法

> **吴可书**　　　　　　　　广西壮族自治区高考文科状元
>
> 　　你可曾计算过每天花在上下学路上的时间？如果你每天都要坐30分钟左右的公交车或地铁上下学，就可以坚持在路上听英语，日积月累，你的英语听力肯定会大有长进。假如你家离学校不远，而你能把走在上学或放学路上的时间利用起来，每次只需要记住两三个单词、一首小诗或一个公式定理，一学期下来，你一定会为自己的收获感到惊讶。

👤 高梦璇	贵州省高考文科状元

"用零散的时间记忆零散的知识"，这句话不是我说的，是学来的，现在拿来与大家共享。

零散的知识主要指的是英语单词和语法，语文的语音、词语、标点、熟语等基础知识。大块的读书时间可以用来读文章，记忆政史地等系统性很强的学科知识，而把那些零碎的知识写在小纸片上，随身携带，在零散的时间记忆是最好不过的了。

那么，如何利用零散时间呢？

首先我们把零散时间分成两种。

第一种是固定空当。例如，我每天早起后到准备出门之间有30分钟的空当，只要我能6点起床就一定能空出这段时间；又如，我每天上下学时间也是固定的空当，等车与搭车时间不会有太大改变。把一些短时间内可以完成的常规任务固定在这些空当去做，以免影响正式学习时的效率与节奏。

第二种则是意外空当。有时候要等的人迟到或班会提早结束了，这些临时的小惊喜都是我们可以好好利用的宝贵时间。但因为是在意料之外，所以无法事先安排任务，就可以把一些紧急事情预留在这些空当做。

由于我们一定会有零散时间，因此，可以把那些不需要在正式学习时间做，或者会影响学习进度的事情，用零碎时间去做。即，每天都要做的事就留在固定空当每天重复做，紧急事情就留在意外空当抓紧时间处理。

对于我们学生，具体该做些什么呢？这里有如下几点建议。

（1）处理学习中的杂事。比如，用零星的时间来整理书包，按第二天的课程表，有次序地整理教科书、笔记本，清理文具，等等。

（2）读短文或看报纸。较短的零星时间适合读一些小短文或自己感兴趣的报纸，这样可以拓宽我们的知识面。

（3）讨论、求师。把学习中积累的问题，利用零散时间去和同学讨论、向老师请教，也是节约时间的好办法。

（4）整理资料。学习总是离不开资料，如书籍、报纸、杂志等。善于学习的人勤于积累资料。有了资料却不勤于整理，是不善于学习的表现。对资料的积累和整理是两个独立的阶段，应交替完成，这样可以减轻工作量。利用零散的时间来整理资料是最恰当的了。

利用零散时间，要巧妙、得当。下面是有效利用零散时间的一些技巧。

（1）嵌入式。即在空余的零碎时间里加进充实的内容。人们由一种活动转为另一种活动时，中间会留下一小段空白时段，如饭前饭后等。我们可以根据时间的长短来安排学习内容，充分利用它们。

（2）并列式。即在某项松散活动进行期间，同时开展另一项活动。例如，等人时可以背公式、记单词；散步时可注意观察周围事物，提高作文水平；乘车回家时可以回忆当天的学习内容；等等。

（3）压缩式。即把零星时间压缩到最低限度，使其尽快结束，从而将时间转入到学习当中去，免去很长的过渡时间。例如，将起床后的洗漱时间进行合理的压缩，能使我们尽快进入晨读环节。

"用零散的时间记忆零散的知识"，可以说是提高学习效率的一个有效的方法。在学习中，很多同学经常抱怨没有时间，其实，并不是时间不够，而是他们不懂得如何利用时间罢了。

032

善用饭前饭后时间

　　每天的早饭前、午饭后和晚饭前的时间是我们固定的可利用的零碎时间，那么我们能利用这些时间干点儿什么，让生活变得更充实呢？很多同学认为这些时间无关紧要，没有对它们加以利用。其实，把饭前饭后的时间利用好了，同样会让你在学习中大有收获。

状元经验谈 | 我们的好方法

唐旭奕
四川省高考文科状元

　　俗话说得好："一日之计在于晨。"心理学的研究也表明，清晨人的大脑处于调整阶段，由于没有先前知识的干扰，背记效果最好。在学习过程中，同学们也会发现这样一个记忆特点：在早晨背记英语、语文、历史、政治、地理等学科知识，往往会记得更牢、更快。所以，我早起洗漱完，利用等待妈妈做早饭的20分钟来背英语单词或诗词古文，虽然只有短短20分钟，但这是一天中最宝贵的时间，这对我的成绩提升大有帮助。

张雪悦

新疆维吾尔自治区高考理科状元

中午的休息时间，我常常去图书馆，那里的环境比较安静，和教室比起来更适于看书。我也经常去看那里的杂志，比如《半月谈》《中国国家地理》《走近科学》《世界知识》等，一方面可以让自己放松，转换一下思路；另一方面也可以让我在不知不觉中学到一些知识，促进对课本知识的理解，开阔思路，积累素材。当然，天气比较好的话，中午出去运动运动也是个不错的选择，打打羽毛球、踢踢毽子什么的，下午上课时精神状态也会好一些。

张思伟

贵州省高考理科状元

晚饭前的那段时间也很重要，如果那段时间比较长，我会继续完成功课；如果时间比较短，我就利用这段时间为晚上的自习做些准备，比如把今天要做的功课、要复习的课本、要用的参考资料全都放在桌上，等用的时候，顺手一拿就可以了，省得临做题时又一遍遍地翻书包。其实，时间是挤出来的，也许这些零碎的时间加在一起不过一两个小时，但一般我们熬夜复习不就为这一两个小时嘛，10点睡觉和12点睡觉的差别就在这里。

时间对每个人来说都是一样的，关键要看用同样的时间学习谁更出效果。一方面，我们要借鉴别的同学学习的方式方法；另一方面，我们也要根据自己的学习习惯来安排学习内容。有的同学觉得早上学英语有效率，而有的同学觉得晚饭后背记单词记忆更深刻，这些都因人而异。只要我们利用得当，小时间也有大用处。在这里，我要对一些不恰当的安排做出说明，同学们应尽量避免。

1. 早饭前 🖊

早饭前最好不要安排做有难度的演算题目，那样比较费时间；如果一时没有理出思路，没有得出结果，还会影响你接下来的学习思路，分散学习对其他科目时的注意力。

2. 午饭后 🖉

午饭后不宜做剧烈运动。中午可以进行一些放松活动，但不宜进行踢足球、打篮球等剧烈运动，否则，你下午上课的时候运动兴奋感还没有消失，会影响学习效果。

3. 晚饭前 🖉

晚饭前不宜看大部头的长篇小说或电视连续剧。饭前时间短，很难把一本长篇小说看完，到晚自习时你的思想会还停留在小说中那些人物的命运和事态的发展走向上，无法把全部精力都集中在学习上。如果看了一半电视剧，你会根据电视情节自己发挥想象力，这样，学习时很容易开小差。因此，晚饭前看一些简短的知识性的期刊比较适宜。

033
课间10分钟问答

　　如果课堂上还有问题没有弄懂，到了课间，你会怎么做呢？当遇到疑问时，应该尽快解决。课堂上来不及解决的，可以利用课间时间解决。当然了，问答是个双向过程，你可以问老师，也可以问同学，反过来，其他同学有不解的地方也可能会问到你。

状元经验谈丨我们的好方法

👤 景源	黑龙江省高考文科状元

　　在给同学们讲题的过程中，我自己也有收获：可以发现自己做题过程中有哪些漏洞。有时候讲题时，我会讲着讲着突然遇到一个坎儿就讲不下去了，做不下去了，到这里卡住了，我就会和大家探讨这道题怎么回事，为什么会出现这种情况，我哪儿错了。然后检查上面几步，看大家有没有什么好的思路、好的方法。这样的话，大家互相启发，共同进步。同时，这也锻炼了我的语言表达能力，因为我要把这道题我是怎么做的讲述出来，而且要考虑怎样表达能让大家听得更明白。

张宗慕雨 云南省高考理科状元

我会掌握好时间，让自己休息时充分放松心情，也会争分夺秒地去学习。从高考倒计时100天开始，课间的10分钟、课间操的30分钟、晚自习前的20分钟，都成了我学习的时间。我与同学一起背历史，单独背单词，或向老师请教课堂上没有弄懂的问题，这样一直坚持到高考的前一天。

张旭琛 江西省高考理科状元

课间10分钟给大家讲讲题，解决一些大家疑难的问题，然后讲一讲我自己做题的思路，大家可以互相借鉴、讨论一下，然后得出结论。我觉得这是高中3年我干得比较成功的一件事。

王星焘 海南省高考文科状元

有部分成绩较好的同学不喜欢回答一些学习差的同学提出的问题，认为那些东西太简单、太幼稚，实在是浪费自己的时间，或者觉得那些学习差的同学智商太低，给他们讲了几遍都听不懂，太消耗精力。我不认同这些观点。通常，一些学习成绩较好的同学都致力于攻克有难度的题目，而忽视了对基础知识的积累，往往会造成知识系统犹如空中楼阁，多回答一些较为基础的题目，反而是重新巩固自己基础知识的一个好的途径。我们既不需要再抽出大块的时间去复习那些基础而枯燥的理论，又帮助了其他同学，一举两得，何乐而不为呢？

也许，有的同学会有这样的想法：算了吧，如果下课了我再追着老师问，同学们一定会嘲笑我的。其实，事实并不是这样。不懂就问，敢于暴露自己的问题，敢于打破砂锅问到底，是难能可贵的。

所以，当遇到疑问，课堂上来不及解决时，就可以利用课间时间来解决。同学们可以这样做：

（1）向老师请教，充分利用老师这个"活教材"。如果课堂上的疑问没来得及解决，下课的时候，可以抓住老师这个"活教材"。一般来说，老师能够更全面地解答疑惑，例如，为什么同学们会产生疑惑，是同学们的思路错了，还是因为忽略了某个已知条件，或者是没有掌握牢固问题所包含的知识点。

（2）与同学交流，利用身边富足的资源。如果说老师是一本"活教材"，那同学就是身边富饶的"宝藏"。在与同学交流的时候，收益也会颇丰。

（3）大家集思广益。教室里，同学们一到下课常常会三个一群、五个一伙地讨论各种话题，其实，这个时候也是探讨疑惑的好机会。比如在和同学聊天时，你不妨把自己的疑惑说出来，同学听到你谈这个话题，自然也会考虑这个问题，说出他自己的想法，这些想法聚集在一起，就有可能产生智慧的"火花"。谈着谈着，也许你的思路就打开了。

在问答讨论的过程中，有些同学非常不情愿给别的同学讲题，认为这会浪费自己的时间。其实，你帮助别人的同时，同样也得到了学习的机会，这是一举两得的好事。知识是可以共享的，我把我的方法讲给你，我把你的方法学过来，这样我们就有了两种方法，总比每人只有一种方法要好得多，因此，给别人讲题不但不是浪费时间，而且使自己在无形中对知识进行了一次复习。下面是两种无效的学习方式，希望同学们引以为戒。

（1）把所有同学都看成自己的竞争对手，有什么好的学习方法或信息也不愿与同学交流，习惯于闭门造车。

（2）对简单的问题不屑一顾，导致基础薄弱，容易在简单的地方丢分。

034
巧用睡前醒后时间

　　进入高中，学习任务相对较重，很多同学更是争分夺秒地学习，在课堂上认真听老师讲的每一个知识点，甚至课后还会花大量的时间补习差科。而优秀的同学大都懂得利用每天一切可利用的时间，例如，利用睡前醒后的时间来学习。每天利用晚上睡觉前和早上睡醒后这两段时间回忆所学内容，记忆诗词古文、英语单词、公式定理等，效果奇佳。

状元经验谈 | 我们的好方法

👤 郭宁	河北省高考文科状元

　　刚睡醒和睡觉前，是人一天中头脑最清醒、杂念最少的时候，我觉得把这两段黄金时间用在记忆诗词古文上，犹如把好钢用在了刀刃上。因为记忆诗词是一项很艰苦的工作，必须集中全身心的力量才行，所以外部环境的干扰越少越好。睡前的时间我几乎都用在了记忆古诗词上。这样既不浪费时间，又促进了睡眠，一举两得。

郭怡辰　　　　　四川省高考理科状元

　　有些同学总认为，通过复习来记忆知识会占用自己太多的时间，不如多做几道题更有效果。事实上，如果你连基本的定理、公式、法则都没有记住，盲目地去做题又有什么用呢？复习并不是非要在书桌前苦读，如果每日临睡前躺在床上将当天的知识像放电影一样地过一遍，效果也非常好。听了一天课，晚上睡觉前，不要忙于对笔记、翻课本，最好集中精力在脑子里先"放电影"，把老师讲的内容先回忆一遍，看看记住了哪些，还有哪些不理解、没记住，然后再去看笔记和课本。接着总结一下什么是重点，抓住重点后问问自己懂没懂，然后通过做作业，进行检验和巩固。

吴戴维　　　　　湖北省高考文科状元

　　根据心理学的研究，人们学习的材料会受到以前记忆内容的影响，也会受到以后学习内容的干扰。一天之中，晚上和早上的学习效果较好。因为早上学习，较少受到以前学习内容的干扰。所以我会用这两个时间段来背记单词。起初每次只能回忆起四五个单词，之后便逐渐增多，一般能回忆起10个左右。即以一天20个计，10天就是200个，100天就是2000个，那么1年不就可以记住6000个左右的英语单词了吗？3年呢？

　　这种在睡前醒后"过电影"式的学习记忆方法并不占用我们平时的学习时间，大家可以借鉴一下。在"过电影"时可能出现思路中断，使回忆无法进行的情况。这时候不要急着打开书本或笔记本，可以努力在脑中搜索，通过一些轻松的画面让自己重新回到"电影"的轨道中，努力把自己断开的回忆连接起来。实在不行，再打开书本，去寻找有关的线索。如果一回忆不起来就直接看书，虽然比自己复述、思考要轻松和省事得多，但是这种复习不会给我们留下深刻的印象，记忆效果往往不好，常常会出现看课本时仿佛什么都明白，而一放下课本就什么都不明白的情况。

以背单词为例，在睡前和醒后要怎么背单词才最有效呢？下面是一些具体的做法。

把一天学到的单词和带有这个单词的句子分两行抄在白纸或本子上，如：

bread[bred]面包（能用图画表示更佳）

Please pass me two pieces of bread.

以下接着抄写其他的单词和句子。当确信自己已记住这些单词（可以是三五个，也可以是十几个）和句子时，闭上眼睛，这时便会感到这些单词在眼前出现（不这样做也可以）。然后什么事也不要做，立即躺下睡觉。第二天早上起来，不要做其他的事，尽量回忆前一天临睡前记过的单词和句子。也许你只能回忆起其中的几个单词或句子。可能先回忆起的是带有那个单词的句子，而不是单词，顺序也可能不一致。边回忆边写在纸上。实在回忆不起来时再看昨天写过的纸，这样再复习两遍，以加深记忆。

对其他科目进行"过电影"式的复习记忆，上述做法同样奏效。懂得利用每天一些不起眼的时间来记忆知识，会让我们的学习既轻松又有效。

035
用好课前课后2分钟

对一堂课进行课前2分钟预习和课后2分钟复习会让我们的学习有始有终。而且预习和复习是学习过程中必不可少的环节，对学习效果影响很大。课前2分钟预习有助于学生形成学习的良性循环，使学习活动变得积极主动。课后利用2分钟进行一个简单总结，能帮助学生巩固刚学的知识。

状元经验谈| 我们的好方法

 胡邱钰

江西省高考文科状元

如果我们把学习比作一场比赛，预习无疑就是比赛中的"合理抢跑"。如果一开始就领先"抢跑"，争取了主动，那么，就容易在比赛中取得胜利；因此，如果下课后能用2分钟的时间总结所学，能帮助我们巩固知识。课后2分钟迅速地把当堂内容总结一下，胜过半个月后用一天的时间复习。捷克教育家夸美纽斯曾这样形象地比喻：课后不进行小结，犹如把水泼到一个筛子里。

张毅

重庆市高考文科状元

初入高中时，我错误地认为课前预习是在浪费时间。但是一路走来，我慢慢地发现：预习可以使我们带着问题、有的放矢地去听课，从而更容易在课堂上学到更多的知识。而且老师大多不会照本宣科，而会在讲课过程中对知识点进行延伸，以使我们对课本知识有更透彻的理解。如果我们不提前预习，就无法分清哪些内容是主要的、是课本上出现的、是应着重记忆的，哪些又是次要的；也就无法弄清楚老师讲课的层次。

靳雯琪

新疆维吾尔自治区高考文科状元

在我看来，课间时间是我们回顾学习内容的大好时机。我记得在高三的时候，下课铃响后，我、同桌和身边的几位同学组成一个学习小组，依次叙说上课所学到的内容，每人说一个知识点，但是一定要讲详细，当某个同学说不出具体内容的时候，我们还会给他一些小提示，唤起他的记忆，结果大家都将上课内容掌握得很好。这种形式不仅让我们再次复习了课堂所学到的内容，还让我们在良好的氛围中得到了休息。

那么，我们要怎样进行课前预习和课后复习呢？

预习是提高学生听课效率的重要一环。如果同学们课前做了充分的预习，对所学新课有了整体的了解，对新课要讲什么、重点是什么、难点是什么，做到心中有数，听起课来自然会毫不费力。那么，如何针对每堂课进行高效的课前预习呢？根据我的教学经验，同学们一般可以按以下5步来做。

（1）认真通读教材，边读边思考，找出重点、难点和疑点，可以适当做笔记或批注。

（2）利用工具书、参考书，扫除知识障碍。

（3）对不懂的问题进行分析。如果遗忘了以前学过的知识或在某方面存在知识缺陷，要及时进行补救。把经过努力思考仍没弄懂的问题记下来，等上课时认真听老师讲解。

（4）读完教材后合上书本，围绕预习任务思考一下，教材讲了哪些内容，主要思路是什么，哪些是新知识，与新知识有关的旧知识是什么，还有哪些问题不理解，等等。

（5）时间允许的话，可以试着做一些课后练习题来检查一下预习效果。

通过这5个步骤，相信你对于新课的内容就会有一个初步的、整体的印象。这样，你就走在了其他同学的前面，课堂上学起来自然会轻松很多。

课前预习、课后复习的时间都不宜太长。课前预习与有计划的"大预习"不同，它的特点是侧重实用性，老师要讲多少就预习多少，这样预习的内容少，预习所花的时间也不宜太多。如果时间过长，就适得其反了。课后总结的时间也不宜过长，简单地概括出上节课所学的知识要点即可。如果时间过长，思维一直停留在上节课的内容中，会影响自己下节课的听课效果。

036
学习卡片随身带

当你的笔记内容多了，你就会发现要在笔记本上找到某个知识点也并非易事，这时你就可以用卡片笔记。所谓卡片笔记，就是一张纸记一件事或一类事，目的是便于分类和查找，以及随身携带、随时学习。

状元经验谈 | 我们的好方法

> **👤 郭恒**
> 甘肃省高考理科状元
>
> 在学习时间的安排问题上，当年我的老师教给了我们一个既简便又实用的方法：做几个卡片袋，准备一些卡片，用以帮助自己安排时间。别看这个办法很简单，同学们普遍反映效果不错。每天知道干什么了，而且干一件就有一件的收获，再也不像原来那样忙而无效、劳而无功了。

贺维艺
湖北省高考理科状元

　　一张纸不能记多种类别的事情，哪怕那张纸只写了一行。卡片纸的大小以16开为宜，太小不利于将来贴剪下来的报纸资料。每张纸都要在左边留下装订区或在上面留一部夹的地方，有没有装订孔倒无所谓，大小有点儿差别也不要紧。

　　"卡片学习法"好处多，它能帮我们随时记忆所学内容，让我们学会分类，形成良好的做事习惯。

刘伊恬
吉林省高考文科状元

　　学习卡片，能让我们在学习时投入全副身心。有的同学在学习时怕动手、怕用脑，如果采用了"卡片学习法"，不动手是不行的。因为我们在对知识进行分类时，需要动脑筋对它们比较、分析，会身心投入，学习效果自然就好了。根据记忆和遗忘的规律，最好在遗忘的关键点，也就是记忆后的当天、第二天、第一周、第一月、满一年等时间复习一下我们曾记住的内容。制作学习卡片能帮助我们随时记忆知识，及时对它们进行复习和巩固。

李宪平　　　　　　　　　辽宁省高考文科状元

　　学习时，我用了"卡片学习法"，自制了很多学习卡片。复习时，用手遮住左边内容回忆右边内容，或遮住右边内容回忆左边内容，或看正面内容回忆反面内容，进行自我测验。每复习一次，就在卡片右下角打一个"√"。"√"越多，复习的间隔时间也应越长。至于复习多少遍，可根据自己的情况决定，一般有了3~5个"√"就可以将卡片收起来，等到一章结束时或考前再复习一遍。要学会自己安排学习时间，在方法上一开始一定要越具体越直观越好。

　　我国语言学家张寿康曾经说："不摆卡片不读书。"这充分说明了卡片在学习中的重要性。由此可见，卡片虽小，作用却大。下面，我们不妨一起学习"卡片学习法"的具体做法。

（1）每天晚上复习白天学过的课程时，把应该牢固记忆的知识点写在卡片上。例如，把卡片分为左右两边，分别写上中文释义和英文单词，或者字母符号和字母符号的中文意义、公式名称和公式的字母符号表达式等。为了节省时间，可以简单一点，只写一个名称和教科书的页数。如"第4课词汇，见《英语》第××页"。

（2）自制7个纸袋，每个袋内放置一周中某天应复习的卡片，并依照遗忘规律安排复习。例如，某张卡片星期二复习以后，就放入星期四的袋子里，星期四复习后又放入星期天或星期一、二的袋子里，这样就能有规律地复习所学内容了。

我们还应根据科目的不同来制作卡片。一些记忆性较强的科目如英语、历史、政治等，应多制作一些卡片来帮助记忆。像数理化这些科目，在卡片上记一些公式、定理就行了，主要还是做题。但是，在制作卡片的时候，应该注意以下几点。

（1）每一张卡片最好只写一个问题、一个事例，或者同一类型的问题。这样既灵活，又不零乱，分类整理及装订成册。

（2）每一张卡片必须注明资料的来源、书名、篇名、版本、卷首、页码，甚至作者等，方便查找与选择。

（3）随着学习水平的提高，卡片的积累应该向某些方面集中。这样可以方便我们系统地收集资料。

037
备忘录是"学习闹钟"

英国前首相撒切尔夫人讲过："事情再多再忙，也是个时间安排的问题。我的做法是在备忘录上写下当天要做的事，然后一项一项地去'消灭'它。"高中阶段的学习是十分紧张的，我们也不妨在睡觉之前或起床后将要做的事一项项记录下来，然后让备忘录提醒我们"消灭"它们。

状元经验谈 | 我们的好方法

👤 **龚晓曦**

湖北省高考理科状元

每天早上洗漱后，花10分钟写备忘录是非常有意义的。我们不能扩展时间的长度，但我们可以提高时间的利用率。写备忘录是在短时间内提高时间利用率最有效的办法。写备忘录可以进行自我提醒。平时课业比较多，学习任务比较重，我们应养成随手记的习惯，提醒自己每项任务的完成情况。这样一来，日志变身备忘录，既可以防止遗漏事项，又可以完善学习内容。

👤 王菲芃
山西省高考理科状元

我曾经对使用备忘录嗤之以鼻，觉得脑子好用就可以了，写备忘录还耽误时间呢。没想到有些事情真的会被我忘记，第二天想起来时，后悔前天没有完成那个学习任务，今天又得安排时间，耽搁了今天的学习。备忘录是随时记载、帮助记忆的笔记本。当备忘录上所列的事情都完成了以后，我内心就有一种轻松感、愉快感和成就感，晚上就可以很安稳、平静地躺在床上睡觉。

👤 李佳楠
黑龙江省高考文科状元

我有一次去图书馆看书，本想借另外一本书，但不知怎么拿成了日本黑川康正著的《整理术：如何有效建立个人资料库》。在这本书中，作者认为，信息的输入固然十分重要，但信息的整理同样重要。作者结合自己的切身体会，谈了"人际关系资料的整理术""报纸、杂志、笔记的整理术""书架、文具的整理术"及"头脑的整理术"，都十分实用。比如说，作者认为，写备忘录，是将无序的头脑整理成有序的头脑的重要方法之一。我照着做了，的确收获不小。

我们也可以把随时产生的想法记下来。只要想起，就在手册上或是任意一个小本上写下来，然后按照上面的提示把事情做了就可以了。它能够检验人们在无意识中是否做了要做的事，不时地发来信号，提醒人们别忘记该做的事情。不要以为学生只要做好功课就行了，其实每天需要准备和要做的事很多，并不亚于上班族。因为我们最少要做好几门功课的预习和复习，所以，不仅要有写备忘录的习惯，还要付诸行动。有要做的事，就马上去做。如果稍微推迟，没做的事就会留在我们的脑海里，成为我们的负担，会无形中给我们带来压力。写备忘录大致可分为以下几步。

第一步，头一天晚上或每天早上将这一天要做的事情写成备忘录。

第二步，用"☆☆☆"（表示最重要）、"☆☆"（表示重要）等符号，在每项备忘录前打好记号。

第三步，每天晚上对照检查完成情况，完成了即画去，未完成的顺延入次日的备忘录。

有了备忘录，我们事情再多、时间再紧，也能不忙不乱。那么我们高中学习的备忘录的具体内容又有哪些呢？高中学习写备忘录可以很好地回答和解决如下问题。

（1）早自习我做哪几件事情。

（2）上午上课我做哪几件事情。

（3）中午吃饭和休息的时间安排。

（4）下午上课我做哪几件事。

（5）吃晚饭前后处理哪几件事。

（6）晚自习做哪一科的作业，或者问哪几个没有搞懂的问题与不会做的题。

（7）晚自习后休息（看电视）花多长时间、处理哪几件生活事务。

（8）晚上10:30—12:00做几件什么事情。

（9）晚上12:00一定要睡觉。检查当天完成任务的情况。

当然，以上的时间安排只是一个范例，目的是让大家明白写备忘录的内容和作用，具体时间设定可以根据自己的作息规律来调整。

第5章

劳逸结合：
学习好也要休息好

劳逸结合，不打疲劳战，是很多高考状元的做法。上海市高考理科状元许东同学说："学习不能以时间论成绩，更不能通过加班加点拼时间来换取一时的心理快慰。"他认为，只有在该学习的时候专注于学习，该休息的时候好好休息，才能够保持旺盛的精力，并提高学习效率；相反，如果你从早到晚不停地学习，就会感到非常疲劳，而且学习效率也不高。所谓"文武之道，张弛有度"，说的就是这个道理。

038
学习只是**生活的一部分**

　　一进入高三，很多同学就好像弓绷紧了弦似的，一天到晚埋头于试卷中、书本中。这种态度一般都被广为推崇，被认为是积极的学习态度，老师和家长们通常把它和那种甚至连在规定时间内都很少学习的态度加以比较，并将其作为教育学生的题材。事实上，这两种态度都不是很正确。同学们需要刻苦学习，更要懂得劳逸结合。

状元经验谈I 我们的好方法

👤 王棋明	重庆市高考理科状元

　　学习计划要兼顾学习和身体两个方面，除了最后的冲刺阶段可以"疯狂"地学习外，平时尤其得注意身体健康和适当休息。计划中如果只有三件事：学习、吃饭、睡觉，时间的分配就很片面，最后影响自己的健康，也无法搞好学习。高中时，我身边有些同学晚上通宵学习，最后身体垮掉了，不得不休学回家养病，这就得不偿失了。因此，只有订立了科学、全面的学习计划，才可以让学习和身体、心理都得到好处。

👤 王子瑾　　　　　　河南省高考文科状元

在制订学习计划时，必须统筹安排学习与其他各项活动，除了学习、吃饭、睡觉等内容必不可少外，还应该把娱乐和锻炼时间计算在内。另外，别忘了给自己留一点儿与朋友和家人聊天、看电视和欣赏音乐的时间。一天的活动富有变化，各有固定的时间和步骤，过一种健康而有规律的生活，这是我们有效学习的基础。

👤 丁雅琦　　　　　　安徽省高考理科状元

如果自己在学习的时间多玩了一会儿，就会使计划中的任务难以完成，尽而影响后面多项任务的完成。一个全面的学习计划应该能够对学习和休息时间都进行科学而具体的安排。我追求的就是效率——在最短的时间内干更多的有价值、有意义的事。我有时静下心来思考：学习究竟是什么？为什么学？怎样学？每一次自问之后，我便在心中为下一步的行动勾画出蓝图。我把所有科目当作一盘棋来下，怎样走好每一步，产生连锁反应，最终取胜。我甚至把它们喻为我的庄稼地，如何有效施肥、浇水、管理，让它们结出丰硕的成果。当你学习疲乏或毫无进展时，不妨放下手中的活儿，静下心休整一下，再重新出发。

👤 王盼　　　　　　河南省高考文科状元

每个周末即使再忙我也会夹上笔记本偷偷跑到校外不远处的一家阅览室，贪婪地阅读各类书籍，广泛接受各种新鲜信息，给思想"换换水"。我从中外名家的散文、杂文中获得美的享受，也领悟了许多平凡而深刻的人生哲理，读到许多真实而感人的故事，给了我鼓舞和启迪。可以说，我高中阶段的这些阅读在我价值观、人生观的形成中起了重要作用。

我们的高中生活离不开学习，但学习只是我们生活的一部分。那么，有哪些事情可以填充我们的生活呢？

1. 睡眠

不可否认，高中生的学习任务是很繁重的，睡眠的确是一种有效的休息方式。通过睡眠，我们可以把失去的能量补充回来，把精神的废物排除出去。高中学习并不意味着我们要一直忙碌地学下去，学习时只有懂得忙中偷闲，才能更有效率。

2. 阅读课外书

有的同学喜欢阅读课外书，并做些笔记，丰富和积累了写作素材，写作水平有了明显的提高，一些报刊上的典型事例常常成为他们作文中的例证。阅读课外报刊，也是同学们观察社会、瞭望世界的一扇窗，它会使同学们的高中生活更加丰富多彩。

3. 交流

学习中还应该注意与同学、老师或家人的交流，只专注于个人的努力可能会让自己的思维变得狭窄。

4. 锻炼

适度的锻炼能放松我们紧张的心情，调整我们的精神状态；适当的生活安排，比如读报、看电视也能对学习起到促进作用。

5. 看新闻

有的同学不管学习多忙，也会抽出时间来看新闻。因为时事政治和高考科目文科综合是紧密相连的。每次看新闻时，可以试着用政治的、历史的或地理的知识去解释它，同时能培养自己的政治敏锐性，并注意把一些新知识、一些比较权威的新鲜观点补充到自己的知识库中，一旦有机会使用，往往能够得到阅卷老师的好评。

039
玩也能**助力学习**

　　有的高中生好奇心比较重，很容易受到各种各样的诱惑，常常因为一时抗拒不了诱惑而耽误了学习，然后拼命自责、悔不当初。贪玩浪费时间不值得，但如果选择好娱乐的方式，既能帮助同学们减轻学业压力，还有助于学习，可谓一箭双雕。

状元经验谈 | 我们的好方法

👤 **文秋林**	贵州省高考文科状元

　　我比较提倡室外运动。几个朋友一起打打球、游游泳，就是非常不错的娱乐活动，既可以舒活筋骨，又可以抖擞精神。我上高中时，在空闲时间里，一般都是坐在家里看电视，我的同学大多也这样。我的爸爸常感叹："现在的年轻人越来越不会玩了。"到了大学，我选择多参加室外的体育活动，发现运动确实是最健康、最愉快的娱乐方式，也是最适合年轻人的娱乐方式。

张殿炎　　　　　　　　辽宁省高考理科状元

　　我没有特殊的学习方法，而且很贪玩。不过我是该学习的时候学习，该玩的时候就开心地玩。因为我认为学习效率很重要。另外，我会在班级里选一个优秀的同学作为目标，每当自己懈怠的时候，抬头看看那个同学在做什么，然后激发自己的学习兴趣，调整好心态，投入到学习当中。几次模拟考试的失利，让我意识到心态比实力更重要。

朱炳聿　　　　　　　　天津市高考理科状元

　　我的高中生活丰富多彩，非常轻松。当然，高一时是非常刻苦的，因为高一的学习对基本功要求非常高，所以要仔仔细细地去揣摩知识点，打磨好每一块基石，把基本功打得扎实。高二、高三时，我玩得比较多，玩的时间可能比学的时间多一些。我觉得玩也是一种学习，因为有时候我在玩或做其他事的过程中，看到了某个现象，我会去想为什么会是这样？然后试着用我知道的物理上的一些原理、定律去解释它，如果解释得了的话，当然很好；解释不了的话，我会去找一些相关的资料看一下。

　　我举一个比较简单的例子。比如，我坐车的时候在下雨，车在行驶，开始雨是往后斜的，后来看不见了。我就想雨和车之间的某些关系，相对于车，雨点应该是一个什么样的运动，平抛还是垂直下落，是不是斜线上的那种直线加速运动。这样一琢磨，平日所学就派上了用场，而且巩固了知识。

　　状元们娱乐的方式和方法，其实是起到正面作用的，不仅锻炼了身体，放松了心情，还有助于学习和掌握知识。如此看来，娱乐并不是对学习毫无帮助，它也可以是提高学习效率的一种有益手段。

　　偶尔让自己放松一下，如果时间已经耽误了，就不要放在心上，因为贪玩而耽误了时间，自责、忏悔都是无济于事的，重要的是如何把浪费的时间补回来，否则贪玩一次忏悔百天，会影响日后学习的心情和状态。不如就当是放松了，撇开一切去玩，也要提高玩的效率嘛！然而万不可以此为借口，频频给自己放假，如果积习成性，那么以后做什么事都没有恒心了。

玩也需要技巧，怎样玩能让我们在学习中反败为胜呢？状元们总结了如下几点经验。

（1）玩要开开心心地玩，而到了学习的时间，就应该全神贯注、不开小差。制订学习计划时也要注意：一项任务给的时间不要太多，要考虑在效率较高的情况下完成此项任务需要多少时间。

（2）当感觉学习非常枯燥，难以进行下去时，可以采用一些游戏的方式。例如，在背英语课文或历史知识时，可以由几名同学用话剧的形式来演绎学习内容，这样不仅可以让头脑轻松，还可以对所学的内容加深印象。

040
读课外书，**扩大知识面**

书籍是智慧的源泉。宋庆龄曾经说："不但要学好各门功课，还要阅读一些课外读物。眼界开阔了，思想才能更加活跃，不但能掌握前人创造的知识，还能大胆设想一些前人没有想过的事情或是没有解决的问题。"课本起着教授基本知识的作用，在若干年中，具有相对的稳定性。但仅靠课本的知识去了解社会、认识社会，在今天高度发达的信息社会里是远远不够的。

状元经验谈| 我们的好方法

 孟鑫禹 —— 云南省高考文科状元

看课外书，对于语文和英语而言，目的是培养语感，因为毕竟课本知识有限，只有多读书才能把语文和英语从考试科目的低层次提升到语言的高层次上。有了语感，即对语言美的感受，才能真正有兴趣、有能力学好中文与英文两门语言。反过来，把语言学好了，有了语感，考试就不在话下。对于文科生而言，看课外书的意义则是扩大视野，辅助理解课内知识，并增加知识储备，以备不时之需。

郭峻堡　　　　　　甘肃省高考文科状元

　　我学习的一个重要经验就是多看课外书。许多人看到这点，也许会惊诧："都什么时候了，课本都来不及看，哪有时间看课外书？"

　　持这种观点的人不在少数，包括家长和老师。但我认为在高三期间看些课外书是很有必要的。与其多背几遍政治、历史、语文，倒不如多看几本课外书。

　　多看课外与课内教学有关的书，不仅能够增加我们知识量，为今后步入大学打下扎实的基础，还有利于加深对课本知识的理解，让我们更快更准确地把握文中线索及规律。

丁雅琦　　　　　　安徽省高考理科状元

　　兴趣能在学习上起很大的推动作用。我对物理学的兴趣就是在读课外书时培养的。高中时，我读过爱因斯坦、英费尔德合著的《物理学的进化》，盖莫夫的《物理世界奇遇记》，等等。这些书中，那些动人的情节、优美的文笔、简练的原理和高深的哲理给我留下了深刻印象，以至于我在报考大学的时候，全部志愿填的都是物理系。直到今天，我的兴趣一点儿也没有改变。

龙婷　　　　　　贵州省高考理科状元

　　对于我们高中生来说，最基本的两条是看书与做题。看书既包括看课内书，也包括适当地看课外书。看课内书要细致入微，即每一个知识点都要顾及，而且要理解透彻，同时又要抓重点，对重点知识反复理解，并做多种类型的习题来巩固。看闲书很大程度上开阔了我们思考问题的视野及转换看问题的方式，能增强理解和分析能力。在教科书之外适当看一些较有思想性和启发性的书籍，既能调节紧张的生活，又能学到知识。

　　所以，我们提倡多阅读课外读物，即各类书籍、报纸和杂志。多读要有一个范围和数量，如果不加选择，每样都看，是不可能完成的。有选择地看，必须清楚选择的方法。这种选择的方法就是信息检索能力。由于时代的不同，"博览群书"中的"群书"所表示的数量是不同的。今天，信息量飞速增长，一个人能力再强、阅读速度再快，也不可能把世界上的书都读完。因此提高信息检索能力就变得重要起来。

　　选好一本课外书后，怎么来阅读它呢？读课外书并无固定的方法，但是怎样读效果好一些，有以下几种方法可以借鉴。

1. 分类法读书

　　把每一类书都借来几本，预计一下多长时间可以读完，安排好正常上课、作业时间之后，将空余的大部分精力放在读课外书上。这样分类读，可以保证知识的系统性，能由浅入深，循序渐进，逐步提高。

2. 快速法读书

　　快速法读书要求在30分钟内读完2000字的文章。方法是，首先用5～10分钟时间将文章读一遍，再用5分钟记下或画出好的词语，标出段落，然后用10分钟归纳文章的提纲。有不认识的字和不懂的词语立即查字典、词典弄懂，最后用5分钟把文章再看一遍。看的文章多了，还可以对同一类文章做综合分析，找出它们的成功之处与不足的地方。有这种阅读经历的同学说："通过这样阅读，每当我看到老师布置的作文题，读过的一些文章就会浮现在眼前，怎样构思、怎样开头、怎样展开、怎样结尾，都有了参考的内容。然后和老师出的作文题相联系，很快就可以确定我要写的内容，作文写得顺利多了。"

041
体育活动时间一点儿不能少

　　我在这里要提醒大家，身体是同学们学习的本钱，换句话说，健康是最重要的财富。我们都要正视体育锻炼的价值和重要性，不论学习有多忙，都要坚持每天进行适量的体育运动。有句格言："智者不忘健康，愚者只顾赶路。"好身体是高中生应对学习、考试、竞争压力的资本，没有好身体，学习就没有根基和保障。体育锻炼的时间不能省略，学习应劳逸结合，不能以身体健康为代价来求取学习的一时进步。

状元经验谈 | 我们的好方法

刘壮	安徽省高考理科状元

　　高考是万人争过独木桥，所以同学们的压力都是相当大的。没压力固然不行，压力太大也不行。在压力的驱动下，有不少同学只顾眼前，不但把各种课余活动时间挤掉，而且常常"开夜车"。这是一种相当不明智的行为。人的精力是有限的，大脑的兴奋是有周期的，延长学习时间，降低学习效率，最多得失相当，即使一时有所得，也是以失去健康为代价，如失眠、健忘等。

秦杉　　　　　　　　　　　福建省高考文科状元

根据我的经验，我们不妨这样做：早上起床早一些，跑一跑步。啊，这真是美好的开始！夏天，我们也可以去游泳，这不失为一项一举多得的好运动。每一节下课，都应走出教室，望一望蓝天白云、绿叶红花，呼吸一下新鲜空气，放松一下神经，绝对是提高学习效率的好办法。每餐之后，都应该出去散散步，不宜立刻睡觉和学习。课余和周末，打打球，看场电影，给紧张的学习生活停歇一下。

张诗佳　　　　　　　　　　陕西省高考文科状元

有些学校盲目追求升学率，为了让学生"专心"学习，把所有的体育课都分给其他各科老师，并禁止学生进行他们喜爱的运动，如打篮球、踢足球等，还开导学生说"搞这些运动分散精力，不易进入学习状态"。我认为这是很不科学的做法，是荒谬的。在高三时，我每天下午4:30下课都要去操场跑两圈，跑完圈后顿觉精神倍增，学习上的烦闷也少了。跑步能使人心胸开阔，不会轻易因为一些鸡毛蒜皮的杂事烦恼，而且坚持跑步，既是对人毅力的考验，也能培养人坚强的意志，增强人们克服困难的信心。

李宁宁　　　　　　　　　　陕西省高考理科状元

紧张的学习很容易使人的神经感到疲劳；再加上心理上的压力，有的同学会感到全身乏力，什么事也不想干。的确，人的生理周期决定了人既有精力亢奋期，也有随之而来的低潮期。但是科学研究也表明，可以通过一些方法使这种低潮期推迟、缩短，甚至不出现。体育锻炼就是很好的方法。在高度紧张的学习之后进行锻炼，是对神经最好的调节和放松，因此，适度的锻炼完成后再去学习，学习效率会提高很多。

　　高中阶段，学生正处在身体发育的关键期，他们身体形态和功能逐步向成人过渡。而他们的身体发育不仅受先天遗传因素的影响，还与后天的体育运动有密切的联系。中学生是国家的未来，他们的身体发育状况不但关系到个人的健康，还关系到整个民族的健康发展。另外，整天埋头于无穷无尽的题海中，身体也会吃不消，对病毒的抵抗能力会降低，一旦得病，很影响自己的情绪和学习进度，因此适当体育锻炼也是增强体质、保证学习的必然要求。

　　参加体育锻炼，不仅有强身健体，还有其他好处。

1. 增强信心 🖊

　　体育锻炼能够强身健体、促进生长发育、预防疾病、延缓衰老，而且对一个人的心理健康和智力发展也起着至关重要的作用。我国的心理学家曾对体质弱的儿童进行了一系列身体素质训练，结果发现：他们由含蓄变得直率，由自卑变得自信，由内向变得开朗，由怯懦变得勇敢。也就是说，体育锻炼在促进高中生身心健康、培养他们优良品德方面发挥着重要的作用。

2. 陶冶情操 🖊

　　体育锻炼能很好地陶冶我们的情操。良好的情绪对我们的学习具有促进作用，消极的情绪会影响人的正常学习和工作，还会对人的身体和心理产生许多不良影响。经常参加体育锻炼，可使机体产生极大的舒适感，在各种运动项目中，感受运动的美感、力量感、韵律感，从而陶冶情操、开阔心胸，激发自信心和进取心，形成豁达、乐观、开朗的良好心境。

　　参加体育锻炼不仅能强身健体，还能很好地调节身心、完善人格、提高心理承受能力。我们何乐而不为呢？

042
双休日要**玩好学好休息好**

对同学们来说，双休日是令人向往的。双休日"潇洒"了两天的同学，通常很难及时进入学习状态，他们听课质量往往极差；而那些在双休日既没忘记学习又适当娱乐放松了的同学，总能以一副饱满的精神状态出现在周一的课堂上。双休日既是休息、娱乐的日子，同时也是自主学习的大好时机。如何既玩好、休息好，又学好，这就需要你合理安排了。

状元经验谈| 我们的好方法

 王星艺

吉林省高考理科状元

有的同学把学习当成享受，他们觉得双休日可以全由自己来支配，并且效率是平时上学的两倍。而不善于利用时间的同学呢，这两天懒惰了，周一还要重新鼓劲，效率也就下降了。可见，把握好双休日，对我们来说是至关重要的。

👤 刘嘉琪

广西壮族自治区高考文科状元

我成功的公式是：成功＝时间＋方法＋坚持。学海无涯苦作舟，这"苦"字也就说明读书是必须多投入的。我自己在高中阶段，每天学习时间的投入（包括上课时间、课外学习时间）如下：高一、高二≥10小时，高三≥12小时。所以我觉得，中学生应当树立时间至上的观念，尤其是双休日这种自主支配性很强的时间段，一定要把握好。

👤 唐博

甘肃省高考理科状元

对高中生来说，任何可学习的时间都很宝贵，所以比较可行又有益处的过双休日的方式还是以学习为主，但不一定以学习课堂知识为主。有的专家认为，在制订学习计划时，平时课堂知识没有学好的同学，应以复习课堂知识为主，其他同学应以阅读课外知识性读物为主，适当地辅以课内重点内容的复习。我由此受到启发，趁周末时间，跑去科技馆或图书馆参观学习，一方面消除了一周学习的紧张和疲劳，另一方面也学到了不少的科普知识。适当地调整学习和休息，会让我们更好的提升自己。

双休日复习功课时，如果发现自己已经完全掌握了某一部分的内容，那么，就可以跳过这一部分。反之，则需要加强对这一部分的复习力度。另外，周末复习的关键是找到"复习的最佳状态"，即在复习时自己可以专心致志、独立思考。要是没有达到复习的最佳状态，不妨先休息一下再学习。

如何利用好双休日呢？你只要遵守以下两条就可以了。

1. 周五做好双休日计划

双休日不可以盲目行事，最好在周末放假前，做一个较为合理的计划。当然了，在做计划的时候要注意一点，因为生活充满着变化，每天的情况都不会相同，所以，你做的计划一定要有一些弹性，不能做一次就一用到底，最好每周制订一次。

2. 周日下午收心 ✐

　　因为周一就要上课，所以有一部分同学常常会抓住周日下午这最后的休息时间再疯狂地玩一玩，玩了一下午，晚上就会休息不好，第二天到了学校就会没有精神。所以，在周日下午，同学们不要再过多玩乐，应该收收心，最好做些静态的活动，比如阅读、帮助父母做家务，或者预习下一周将要学习的内容。这样做，晚上能休息好，第二天的听课效果一定也不错。

043
寒暑假应**张弛有度**

　　每到寒暑假来临时，大多数同学都会有一种如释重负的感觉，经过整整一学期的紧张学习，都想好好放松一下。每个学生都盼望放寒暑假，但在漫长的假期里，如何安排学习和娱乐的时间，将对下学期的学习产生很大影响。

状元经验谈I 我们的好方法

👤 刘恒宇	吉林省高考文科状元

　　刚上高中时，我的学习成绩并不是很好，只在年级的中游水平。后来，我学习成绩之所以成绩突飞猛进，一个很重要的原因就是我懂得笨鸟先飞的道理，都能合理地安排寒暑假、节日放假的时间。比如，寒暑假里，我一般会用60%以上的时间来学习。时间对于我们来说是十分宝贵的，它分秒不停地流逝。要想在中学6年里学有所成，就要想方设法抓紧时间，努力学习。

133

胡亚威 湖南省高考理科状元

　　我会在寒暑假时先预习一下下学期的课本，特别是英语课。这就需要提前去借课本，也可以去买课本和相应的同步资料。然后自己给自己订好假期计划，每天看多少、做多少，每天完成任务便出去放松一下，每周任务完成后可休息，双休日和同学逛逛街、打打羽毛球或排球、踢踢毽子、逛逛书城，有时还集体去周围的风景区游玩。这样学学玩玩我觉得很轻松、很有趣，而在玩中印证书本知识时的那种兴奋劲更令我回味无穷。

　　这样一个假期下来，自己对这学期要上的课已大概熟悉了，开学后上课认真听，就可以把懂的知识复习一次，打记号不懂的地方又可以在课堂老师讲课时解决。这样，课余时间会很充足，能够有更多时间学习新的资料和提高素质的资料。我高二上学期结束时已预习完高中阶段的英语课文，对《语文基础知识手册》的基础内容也有所了解，这为高三时语文的系统全面复习减少了阻力。

　　对每个同学来说，寒暑假都是非常重要的。首先，它是一个完整的时间段，同学们可以有自己比较全面完整的学习安排；其次，它是两个学期或学年的衔接，一方面可以弥补上学期所学知识的不足，另一方面可以预习下学期的知识，起到承上启下的作用；最后，假期的学习安排不是很紧张，可以劳逸结合，调节自己的生活节奏。那么，我们到底应该怎样充实地度过寒暑假呢？

1. 有计划地复习巩固上一学期的课文

　　同学们可以按照这样的方法进行：将所学的知识串起来，找出它们之间的联系，再找出与下学期有关的知识点，并着重看一下。这种复习方法可以达到"一览众山小"的效果，你不妨试一试。

2. 预习下学期要学的课文，对整体内容有所了解

提前熟悉下学期要学的内容，让自己更好地把握学习内容与时间。

3. 强化强项，弥补弱项

看看那些高考状元的成绩，就会发现他们有一个共同的特点——没有弱项。这也给我们很多启示，应该多花些时间来强化自己的强项，弥补自己的短板，使"长"者更长，"短"者及时得以补足，从而让自己在学习上迈出的每一步都不"跛脚"。

4. 多看几本有益的课外书

开学后，学校的学习安排比较紧凑，几乎没有太多时间读课外书，因此，我们可以利用寒暑假时间选读几本自己感兴趣的书。课外书的选择也很重要，俄国的文艺评论家别林斯基说过："阅读一本不适合自己阅读的书比不阅读还要坏。"因此，我们必须有选择地去读书。选书的目的是区别哪些书应当精读，哪些书应当泛读，哪些书只要读部分章节，哪些书要放在案头随时备查，哪些书暂时可以不读，以便在有限的课外时间里读一些有益于自己身心健康的书。

5. 离游戏远一点儿，以免开学后难以自拔

适当娱乐是可以的，但要远离诱惑，远离让自己上瘾着迷的游戏，不然将无法保证学习的时间和质量。

044
学习最忌"疲劳战"

　　学习是一种高强度的脑力劳动，它需要我们时刻保持清醒的头脑，否则将难以保证效率。很多同学经常熬夜学习，这种刻苦的精神的确值得我们学习。但是要想提高学习成绩，最重要的是想办法提高学习的效率，我们不能以时间论成绩，更不能通过加班加点拼时间来换取一时的心理快慰。众所周知，学习不能打"疲劳战"，必须注意劳逸结合，否则就是在浪费时间。

状元经验谈 | 我们的好方法

> **👤 孟令航**　　　　河北省高考理科状元
>
> 　　相对于其他同学晚上的"加班加点""秉烛夜读"，我更愿意充分利用早上的黄金时间，不管是有学习任务，还是有其他的事情，我都会尽量保证在12:00之前睡觉，因为好的睡眠才能保证第二天的学习状态。我从不认同题海战术，在班上绝对不是那种在学习上花费时间最多的学生，而是比较注重技巧。要用功，但不是一味埋头做"苦"功。

👤 贺凯　　　　　　　　　　山西省高考理科状元

　　我不赞成打"疲劳战"，与其昏头昏脑、注意力不集中地坐在书桌前伏案学习8个小时，不如拿出3个小时打打球、听听歌、下下棋。这3个小时所带来的效果可能会令你惊讶。因为高考比的不是谁学习的时间长，而是在相同的时间里谁的学习效率最高。我常对自己说："学习本身不是目的，真正掌握住所学习的内容才是目的。"

👤 石啸天　　　　　　　　　重庆市高考理科状元

　　记得进入6月份以后，大部分都已结束课程，老师让我们自己安排复习。每天上午和傍晚我都会拿出近一个小时的时间打羽毛球，晚上学习累了就到楼下跳绳、跑步。羽毛球拍、跳绳、毽子对我来说与钢笔、课本一样重要。学习一段时间，我感到思维不太灵活、效率也开始降低时，就会放下书，听听音乐或到外面呼吸一下新鲜空气。

　　另外，充足的睡眠也不可缺少。因为复习挤占睡眠时间是会让我们得不偿失的。其实只要投入的每一分钟都能发挥最大的效用，从睡眠那里"剥削"来的几分钟是可有可无的。经过一上午高强度的复习，中午小憩片刻，然后出去打一会儿羽毛球或踢踢毽子，下午就不至于哈欠连天了。

　　"文武之道，一张一弛"，我们既要会学习，也要会休息。在紧张的学习中，疲倦感一旦产生，我们的学习效率和质量就会受到极大的影响。所以，一定要把自己的生活安排得充实而有趣。这样，才会在每一天醒来后以最佳的精神状态投入到学习中。在精力充沛的状态下和昏头昏脑的状态下学习，其效果差异是不言而喻的，所以说，学习中要打"效率战"，不要打"疲劳战"。

　　学习不需要熬夜，有的同学可能为了在学习时间上不输给别人，一直在看书、做题。与其低效率地学习，不如早点儿入睡，养好精神，第二天再去高效率地学习。如果晚上休息不好，第二天上课时犯困，晚上又熬夜来补，这样就会形成恶性循环。状元们的经验告诉我们：每晚学习到10:30，然后躺在床上再回忆一下一天所学的知识，到11:00左右也就睡了。到了夏天，一定要午休，小睡一会儿，精神就会好很多。记着，你不是在与别人比拼时间，而是比拼效率。

科学家皮埃尔·弗吕谢尔说："没有必要以牺牲睡眠来成为天才。"每个人都有一个生物钟，它在你的生活中不会轻易改变，所以找出你的睡眠周期很有必要。我们找出周期的准确延续时间，就能更好地利用时间。

皮埃尔·弗吕谢尔所提供的计算方法是这样的：在每天带规律性的时间里我们都会有疲劳乏力的感觉。在一周内好好地记下你感到疲劳的时间和两个疲劳期的时间差，这样你会发现，你每天的疲劳期几乎发生在同一时候，而两次疲劳的时间差也基本相同。

找准了你的睡眠周期，你就可以主动地把睡眠时间计划在睡眠周期之内，而间隔期内绝对不要用于睡眠，那是你的高效学习时段。这样不但能使睡眠更加舒适，而且体力和精力可得到充分的恢复。

合理安排睡眠时间，从而使非睡眠时间的学习效率大大提高，就是节约了时间。

第6章

考前冲刺：

抓 住 考 前 黄 金 时 间

　　高考冲刺阶段时间十分宝贵，如何抓住考前黄金时间备战高考，是很多家长和同学关心的问题。宁夏回族自治区高考理科状元何雨轩同学采取的方法是：看历届高考试题，一一攻克自己对题型的"盲点"。他认为，学习绝对不可以"死"学，题海战术不可避免，但一定要讲究方法。那么，还有哪些方法可以帮助我们在冲刺阶段迅速提高成绩呢？

045
作息时间**常态化**

　　同学们在高考前一周的复习，要合理安排时间，避免搞疲劳战术。要使大脑得到充分休息，一定要保证充足的休息时间，晚上不应睡得太晚，中午最好午睡一会儿，这样有利于消除疲劳和保持旺盛的精力。养精蓄锐，蓄势待发。

状元经验谈Ⅰ我们的好方法

👤 李言	甘肃省高考理科状元

　　高考前一周，我们学校并没有像其他学校一样给学生放假，而是一天自习一天上课。学校早中晚都给学生安排了答疑时间。学生复习时遇到问题，可以在答疑时间到办公室找老师解答。其实我觉得这样挺好的。因为在学校能够保持平常的作息和学习习惯，并且和熟悉的老师同学在一起心里很踏实，在家待着反而会不知所措。

　　放假回家备考的考生，也要像在学校一样，保证作息规律。也可以按高考各科目考试时段来安排复习，或进行一下考前模拟。

👤 **刘璐瑶**　　　　　　云南省高考理科状元

　　我考前一周的作息时间安排跟平时差不多，还比平时的安排更放松一些。

　　早上6:00左右起床，认真学习4个小时，不要超过这个时间。中间每两个小时左右，要休息15~30分钟。最好听听音乐，也可以在小区的花园里散步。

　　下午要小睡一会儿，时间以半个小时左右为宜，不要超过1个小时。

　　下午学习的时间不宜过长，因为下午容易疲劳，如果时间过长，学习的质量和效果都会受到一定的影响。以两个小时左右为宜。晚饭前的这段时间，是最适合休息的时间，因为此时注意力不容易集中，可以散步或去超市购买简单的生活用品。

　　晚饭后放松半个小时到1个小时，可以和父母聊聊天，或帮忙做点儿简单的家务。不要想任何与学习有关的事情。

　　晚上学习3个小时左右，要集中注意力，保证学习质量。晚上学习效果特别好的同学，最晚也不要11:00以后睡觉。

　　那么，在这种时候，考生应该如何避免高度焦虑，及时调节自己的心理状态和饮食起居，以适应高考的要求呢？在这里，我为同学们整理了考前一周的时间安排。

考前6天

（1）今天及以后几天都要保持积极的心态，要有考试必胜的信心。

（2）家长不要过分关注考生，以免增加考生的心理压力。

（3）考生饮食和休息时间都要与平时基本保持一致，不要熬夜。

考前5天

（1）关注饮食，保证营养均衡。

（2）适当运动。

（3）保持心情愉快。

考前4天

（1）调整身体状态。

（2）今天及以后几天都要保证充足的睡眠。

（3）心情不好时要注意自我调节，若自我难以调节可及时求助于心理咨询师。

考前3天

（1）家长要减少唠叨，做考生的倾听者；发现考生有心理困扰，应及时进行心理疏导，或请心理咨询师帮助考生。

（2）一般晚上10:30就应该睡觉。

考前2天

（1）备好考试用品。

（2）可适当运动。注意饮食安全。

（3）女考生要注意做好月经期间的心理调节，一般不建议药物避经。

（4）掌握一些心理放松的快速实用方法，以便考试紧张或怯场时运用。

（5）一般晚上10:30就应该睡觉。

考前1天

（1）检查准考证、身份证、考试工具等物品，将它们集中放在一起。

（2）把考试要领在脑中过一遍。

046
梳理考点　查漏补缺

高考前一周是冲刺时段，所谓的"厚积薄发"，是指知识在这个阶段由厚转薄，重在梳理所学过的知识点，在脑中形成网络与链接，以便在考试时顺利提取。也可根据自身情况有选择地做题，并非所有的题都要做完，关键在于要有复习计划，查漏补缺。

状元经验谈丨我们的好方法

> 👤 **王伟**　　　　　　宁夏回族自治区高考理科状元
>
> 考前几天，可以回顾自己做题时易犯的错误并进行总结，同时还要适当做题保持"题感"。饮食也无须"大补"，与平常一样即可。与同学互相鼓励，以避免紧张情绪。
>
> 作文成绩好、数学公式记得牢等，把这些优势记下来，经常浏览一下，自信心就会大大增强。同时，要认真找出自己的薄弱环节，积极想好应对策略，每天按计划复习，如果熟练了某一项，就把这项从本子上画去。随着一个个弱项被消灭，自信心也就越来越强了。

👤 **郑林壮**　　　　　　海南省高考文科状元

我在冲刺阶段复习采用最简单的办法就是看目录。因为目录一般大致反映书中的知识点，看时要做到"四要一不要"。

一要：知识与知识之间的联系，形成知识网络，综合运用。

二要：找出知识上的漏点，及时补上，不能抱有侥幸心理。

三要：看重点例题、重点题目，练习试卷中的错题。总结一下各种题型、解题方法。

四要：对于老师反复强调的问题一定要透彻理解，熟练运用。

不要：不要做难题、偏题、怪题。其实，高考真正的难题并不多，不如我们平时练习时做的题目难，如果把这一周宝贵的时间花在并不能产生很大收益的难题上，以免因解不出难题而烦闷与不安，导致自信心下降，最终影响考场发挥。

专家表明，一天中记忆效果最好的时段为：早上起床后1小时、上午8:00—10:00、下午6:00—7:00、临睡前1小时。我们可以有效地利用这些时段来进行复习，避免出现头脑发"木"的现象。在这些时段该如何梳理知识点，才能做到胸有成竹呢？这里有以下几点建议。

1. 快速梳理考点 🖊

学生学习要有一定的自主性，光跟着老师"跑"没用，必须自己快速梳理知识点。因为每位学生对知识点的掌握程度不同，复习进度也不同。

首先，对照考纲，逐条检验是否牢固掌握了考点，并迅速查出遗忘或遗漏的要点。

其次，归纳知识点。比如根据作文的题材、内容进行适当分类，这样，在考场中遇到任何作文题，都可以做到心中有数。

2. 通览教材精华 🖊

冲刺阶段的复习重点不在于做了多少难题，而在于对教科书精华的领悟程度。

（1）杜绝只看笔记，不看教科书的坏习惯。有些学生认为，平时自己认真听课，笔记中已经涵盖了所有复习内容。事实上，笔记不能代替书本，一旦抄写中出现细小差错，学生仍照着错误背诵，在这种情况下失分有点儿可惜。

（2）不忽视理科教科书。不少学生将数学、物理、化学的复习方法，归结为题海战术，显然失之偏颇。复习时学生应该仔细阅读理科教科书，掌握书上的概念、公式、例题，尤其是有些解题步骤。要知道试题的各种变化是万变不离其宗的，只有掌握了题目的本源，才更有助于解题。

（3）浏览错题集。不少细心的同学都备有一本错题集，将高中3年来曾经做错的题目，都抄在上面。最后复习时，这本错题集就可以发挥作用了。回顾旧题、错题，问问自己还会不会做，从而帮助我们更好地查漏补缺。

（4）对于外语课本的某些篇章要背得滚瓜烂熟，做到脱口而出。对于语法要注意区分和记忆，这样可以保证学生在考场上写出的文章有"法"可依。

3. 主攻薄弱环节

学生千万不要存有畏难情绪，对自己的薄弱环节"跳"过去了事，这些知识点更需要学生多加练习，尽快掌握。

4. 研究近3年高考题

在规定时间内，独立完成试卷。在模拟考试中，学生要通过研究近3年的高考题，培养正确审题的习惯，尽量避免做错题。另外，要养成检查试卷的习惯，至少检查一遍试卷，再核对答案。

047
适度放松以逸待考

　　在考试前的一周时间里，不要承担太大的压力，这是你提高学习效率的大敌。要竭力让自己排除一切干扰因素，保持一种乐观、愉快的心情。

状元经验谈| 我们的好方法

> 👤 **李卓雅**　　　　　　　　　　　湖北省高考文科状元
>
> 　　高考前学校并没有彻底放假，只是考前停了3天课而已。那几天我也没回家，就在学校待着；会做一些题目，不想做了就找老师聊聊天。
>
> 　　记得那段时间我还跟朋友一起去看过电影。减压的方法有很多，选择最适合自己的就好。
>
> 　　就考前来说，维持现状最好，别刻意改变什么，否则心态就变了。至于高考，只是人生的一个插曲而已，路还要自己一步一步地走。

黄崇俊 　　广西壮族自治区高考理科状元

　　尽管高考冲刺阶段时间很宝贵，但课间休息时我还是会尽量让自己好好放松一下，到操场上和同学一起做做运动，以提高下一堂课的听课效率。和同龄朋友一样，我对玩也是极感兴趣的。即使是高考前最忙的时候，我也会抽出一些时间上上网，查看一些有趣的信息和图片，每周都会上网和在老家的姥姥进行视频聊天。该学习的时候，我就全身心投入，好好地学；该玩的时候，我也会放开了玩。

陈言 　　甘肃省高考理科状元

　　当时，老师让我们用便利贴把每天什么时候干什么事、要完成什么事都记下来，按着计划学习，一步一步走。该休息的时候肯定会休息，我会写下一些激励的话贴在桌子上激励自己，这其实也是我的放松时刻。

　　按照常规，学习时由于用脑时间较长，心跳减慢，这时大脑供氧不足，就会产生疲劳和困倦，从而使视觉和听觉功能受到影响，学习、思考、理解和记忆的效率也就大打折扣。若不适当休息，就会严重影响学习效果和身体健康。但是，有的学生不愿到室外活动，认为那是浪费时间，其实这种做法是得不偿失的。

　　那么，学习一段时间后适合做什么活动来放松呢？

　　（1）室外望远。眺望远处树木或建筑物，对放松眼部肌肉、预防近视大有益处。

　　（2）做广播体操或眼保健操。

　　（3）散步。边走边做深呼吸，同时用力摆动双臂，再做前后屈体及转体等腰腹部运动。这样，既活动了全身肌肉，又使血液循环加强，增强了新陈代谢。

（4）做些体力负荷不大的游戏。既能活动身体，又能调节神经。

（5）跳绳、踢毽子、跳皮筋。

利用几分钟时间放松一下，主要是为了消除疲劳，改善大脑功能。如果感觉自己思路混乱、注意力不集中，就马上停止手头的学习，用自己最喜欢的方式进行放松，等疲倦感过去后再投入学习。

做好考前保健也是缓解考试压力、适当放松的方式。

1. 饮食

考试期间饮食要以谷类为主，要多吃蔬菜和水果，吃些奶类、豆类或豆制品，吃适量的鱼、禽、蛋和瘦肉，不宜饮酒。要及时补充水分，不宜用饮料代替白开水。

2. 睡眠及其他

备考期间同学们要勤开窗，多换气；要搞好个人卫生，适当锻炼，增强免疫力；睡前要全身放松，包括心理和身体的放松；要按时起床，按时睡觉，养成良好的睡眠习惯；晚餐不要吃得太饱；晚饭后不要喝咖啡或浓茶，以免使自己过于兴奋不能入睡；睡前要泡泡脚或用温水淋浴；要保持寝室的环境舒适，避免强光、噪声或过闷过热等。

当然，放松不是放纵，要有一个度。考前过于放松不是一个好预兆，这样的同学可以适当地给自己一些压力，例如考前放假时可以按照高考的时间表进行模拟考试。白天做模拟题，晚上核对答案，提前安排和调整作息时间。持续4天左右，你就会在同一时间的考试时有较好的状态。

另外，考前几天最好不要看电视或玩电脑，否则可能会影响整个考试的状态。晚上可以打打羽毛球，做做慢运动，对自己的心情放松会有帮助。

048
及时疏导恐考心理

    高考前，有不少考生可能会出现紧张情绪，越临近考试越觉得紧张，甚至发展为"考试恐惧症"，出现失眠等症状。对此，专家建议要缓解焦虑情绪，学生首先必须对自己有个客观的定位。其次，除了前面提到的注意生活保健来缓解焦虑外，还必须有意识地进行自我减压，或向身边的人求助。

状元经验谈| 我们的好方法

> **👤 冯寒野**   **重庆市高考理科状元**
>
>   有时候和同学闹一些矛盾，我就会想如果我是他，我到底会怎样做。我在脑海里不停地想，想着想着就没事了，这是我常用的一个方法。其次是我有很多好朋友，我可以什么话都跟他们说。有烦心事我下课之后就会去找他们，然后跟他们说，说了之后他们会安慰我，这样我心里就好受了一点儿。一般来说找上三个人，我心情就已经很好了，没事了。我觉得学习中需要一种好的心情，我特别有自控能力，特别善于调解自己的情绪。

> **周碧瑶**　　　　江西省高考文科状元
>
> 　　高考前一周，同学们都觉得很大程度上是在考验心理素质。当学生特别焦虑时，学校还会组织学生做放松操，舒缓情绪。认为自己有需要进行心理咨询的，可向老师表明意愿，学校会将这部分学生集中起来，安排专业的心理老师上心理疏导课。我们也学到了一些缓压的方法。
>
> 　　如果在考前过于紧张，出现头晕、耳鸣、失眠、健忘、心悸等症状，那就需要暂时放下所有功课，做一些放松训练，以减轻直至消除这些不良反应。具体做法是：全身放松地坐在一张软椅上，脚撑着地，两臂自然下垂，双眼微合，深呼吸10次。为配合训练，也可选一些轻松舒缓的乐曲作为背景音乐，以帮助自己缓解紧张和焦虑情绪。

放松心情，缓解焦虑情绪，下面是给同学们的两点建议。

1. 去除杂念，悉心准备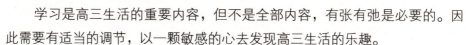

　　加强复习、悉心准备是强化自信心的重要举措。只有在明确自己的优势和劣势之后，扬长避短，争取下一次月考或模拟考考出应有的水平，由此而获得的自信才是健康、有益的。绝不能相信社会上、网络上有关"出售高考试题及答案""出售作弊器材""代考"等虚假传言或有害信息，避免上当受骗。

2. 放松身心，寻找乐趣

　　学习是高三生活的重要内容，但不是全部内容，有张有弛是必要的。因此需要有适当的调节，以一颗敏感的心去发现高三生活的乐趣。

049
考前准备要万全

　　高考进入冲刺阶段，也是备考最关键的阶段，对学生的心理、体力、耐力都是一次考验。教师要做好学生的鼓劲工作，学生要敢于面对备考中的种种困难。高考考前准备对考试成功来说也十分重要，要做到万事俱备，不能功亏一篑。

状元经验谈 | 我们的好方法

刘楠枫	重庆市高考文科状元

　　注意劳逸结合，不搞加班加点，要对前阶段的复习内容进行"回头看"，不要再大量地练习，而是应该回归课本，尤其是综合科目，要更加注意夯实基础，熟悉课本中的主干知识。当然，还要顺便看一看、做一做经典题、模拟题、易错题。不过，要注意减压放松。我有时会一边做题，一边听歌。

> **👤 韩牧岑**　　　　　　　　　北京市高考文科状元
>
> 　　由于学习紧张，大脑处于疲劳状态，体内分解代谢加快，考生体质相对下降，免疫力降低，再加上高考前我国大部分地区处于暑热期，气温有时高达30℃以上，闷热难当，有时热浪袭人，而有时又阴雨连绵。在这样的天气下，一定要注意科学饮食保健。否则，极容易引起中暑或精神烦闷，影响效率。

下面是同学们考前需要准备的事项。

1. 考前要熟悉考场 ✏️

高考时，很多考生都会到一个相对陌生的学校进行考试，考前看考场也就非常必要。考生领到准考证后，要到考点看一看，熟悉考场，做好考试的心理准备。

考生应于6月6日下午，到考点查看自己所在的考场，熟悉考点环境，对考点的各类设施做到心中有数，包括考点办公室、医务室、饮水处、存车处、厕所等位置都要清楚。

如果以前没有来过考点，就要记清楚行车路线（步行、自行车、打车要多长时间、公交车坐几路）。

2. 备齐考试用品 ✏️

身份证、准考证是进入考场的有效证件，必须带齐并妥善保存。

3. 准备好考试用具 ✏️

一定要把考生须知中强调的考试用具备齐、备足。

（1）要准备好2B铅笔、0.5毫米的黑色签字笔（中性黑色签字笔）、直尺、圆规、三角板、橡皮等。要到信得过的文具商店购买。最后几次模拟考试要练习使用这些用具答题。上考场时要认真检查所有考试用具是否带齐。

特别提醒：涂答题卡使用的铅笔削得太细，会延长涂卡时间。建议把铅笔削成扁扁的"鸭嘴"形，涂卡时，一抹就可覆盖选项。

（2）表。考试时最好戴一只手表以合理安排时间。这方面不用挑剔，只要准确就行，太贵重的手表还会担心丢失、损坏，影响精力。

（3）水。很多经历过高考的同学反映，考试时很少感觉口渴，但是部分同学平时上课有带水的习惯，如果没有带水，会感觉少了些什么。带上自己习惯的水杯，会有一定的心理暗示的作用，遇到卡壳的题，也可以稍稍地喝口水，放松一下。

（4）雨具。考试前两天考生或家长应注意天气预报，了解高考当天的天气情况，如果有雨，提前准备好雨具。

（5）如果高考当天温度较高，准备的衣服应舒适、宽松、透气性好，如棉、麻质地，避免考场中暑。

4. 注意饮食卫生，保证充沛体力 ✏️

随着高考的临近，同学们的心理压力也在增大，因此在饮食方面要加以注意，不要挑食，要注意营养的搭配。由于考点都设在县以上政府所在地，距离考点较远的考生要提前联系安排好食宿。建议考生选择距离考点较近的地方住宿。在饮食方面，一定要注意卫生，必须保证食物的新鲜清洁，防止出现腹泻等情况。

050
掌控好答卷时间

　　高考的成功，除了考试前的认真复习，具有扎实的知识与较强的能力外，应试技巧也是重要的技术保障。一些考生平时成绩相当不错，复习也十分到位，偏偏高考成绩不尽如人意，原因就在于应试技巧方面的缺失。临场发挥好不好，其中考试时间的分配安排是至关重要的一环。在考试过程中合理安排时间，能使我们更好地发挥出水平，取得好成绩。

状元经验谈l 我们的好方法

> ### 刘丁宁　　　　　　　　　　辽宁省高考文科状元
>
> 　　一般情况下，试卷结构都可以分为3个部分，即简单基础题、中等综合题、较难提高题。在考试时我们一定要清楚自己的能力大小及自己的期望分数，然后再分配好做这3部分题的时间。比如，如果你觉得自己做基础题肯定没问题，中等题也会，但难题就不一定了，自己期望能考80分，那么你就应该尽快地做完基础题，然后在中等题上多花一些时间仔细做，保证正确，最后的剩余时间争取做出难题。

> **华天韵**   江苏省高考理科状元
>
> 　　在拿到试卷后，先不要急着答题，在填好姓名、考号等信息后，先翻看一下有多少题，弄明白题量有多大，然后结合考试有多少时间，心中要有一个大致的时间安排，即做到心中有数，以免在考试进行了一半或者快结束时发慌。这个过程花费不了一两分钟的时间，但效果会非常好。

在考试时科学合理地安排时间，有以下几方面的要素。

1. 会"挤"

　　有效利用提前入场的10分钟。高考一般规定可以提前10分钟入场，考生可以利用这段时间先熟悉一下考场内的环境，消除陌生感；再做几次深呼吸，尽快使自己的情绪稳定下来。这样就不必在考试时间内去适应和稳定，等于把考试的时间巧妙地向外延长，有效地保证了答题的良好心态。

2. 会"排"

　　高考的考试时间为定值，要想在如此有限的时间内取得好成绩，必须合理安排时间。

　　（1）根据分值配置恰当的比例。

　　（2）根据难易安排答题的顺序。基本原则是按"先易后难，先熟后生，先高分后低分"的原则依次答题，各部分试题总会有一两道难题，千万不要让个别难题纠缠住。

3. 会"省"

　　考场上，"一寸光阴一寸金"，巧用时间、节省时间无异于在挣分。具体可从以下几个方面入手。

　　（1）讲速度。答题速度宜求快，无疑是节省时间最有效的途径。解题时一定要有的放矢、简明扼要，切忌画蛇添足，空谈泛谈。

（2）讲准确。处理好准和快的辩证关系。首先要求准，在准的基础上求快。一遍成功，好像是慢了一点儿，但在慢中却显快。

（3）讲方法。答题要做到思路清晰、优化方法，在推导、演算准确的前提下，做适当的选择，尽可能选择简便快捷的方法。但又要注意，若一时找不到理想的好方法，也不要花过多的时间刻意去求简，而要努力做到自然，得心应手。

（4）讲运筹。在应试的时间运筹上，应该防止前松后紧。以免做不完试题，或来不及检查。

（5）讲对策。如果碰到难题，可以暂时放一放，用铅笔做好记号，免得把这道题给忘记了，千万不要盯住不放。告诉自己："我已经尽力了，我觉得难，大家都会觉得难。"然后以平静的心情，再去做其他题目，提高时间的利用率。

（6）讲细节。合理运用草稿纸，对时间的利用上也有重要的作用。在草稿纸上的操作，字体要适当小一些，"战线"不要拉得过长，以免首尾不相顾。

4. 会"挪" 🖊

高考试题总会有新材料、新情境、新设计。这些都决定了高考试题会有一定的变数，所以，考场上要灵活挪动时间，不能按照自己的习惯，要有针对性地用好时间，使之更加合理。

5. 会"拼" 🖊

考试中，要有自信心，有顽强的拼搏精神。时间虽紧，但不要慌忙，导致自己处于无序状态。我们要与时间赛跑，争分夺秒，读题、做题、检查环环相扣，达到时间效益的最大化。

总的来说，考试临场发挥需要掌控好时间，合理安排与统筹兼顾。只要不倒扣分就应答题，不留空白。此外，应留出5～10分钟的时间检查试卷。